赤石先生の Minecraft レッドストーン回路がおもしろいくらいわかる本

赤石あかお・タトラエディット［著］

ソーテック社

JN220762

注意事項

本書は、Minecraftのオフィシャル書籍ではありません。

Mojang社、Notch氏は本書に一切の責任はありません。
また、本書に記載されている会社名、商品名、サービス名、ソフト名は関係各社の商標または登録商標であることを明記して、本文中での表記を省略させていただきます。

本書の内容は執筆時点においての情報であり、予告なく内容が変更されることがあります。
また、本書に掲載されている説明を運用して得られた結果について、筆者および株式会社ソーテック社は一切責任を負いません。個人の責任の範囲内にて実行してください。
また、本書の制作にあたり、正確な記述に努めていますが、内容に誤りや不正確な記述がある場合も、筆者および当社は一切責任を負いません。

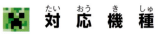 対応機種

本書は、PC版Minecraftを使用してレッドストーン回路を解説しています。PS版、Wii U版、PE版Minecraftを使用している方も、同様にレッドストーンを使うことができますが、一部のブロックの名前が違っていたり、一部、使えない機能もあります。14ページを参考に、お使いのMinecraftのエディションを確認してください。

PC／Mac版	PS版、Wii U版、スマートフォン版	Raspberry Pi版
推進環境 本書の解説に使用	利用可能（スマホでは一部挙動が異なる） ブロック名が違うこともある （183ページの「アイテム読み替え表」を参照）	レッドストーンの機能がないため利用不可

はじめに

　本書をお手にとっていただいた皆様、ありがとうございます！タトラエディットの外村ともうします。ツイッターやオンラインゲームの世界では「sonohoka（そのほか）」という名前で活動しています。この本では、ちょっとムズかしい「レッドストーン回路」について書いてみました。マインクラフトのことならなんでも知っている赤石先生に、いろんな疑問をぶつけながら、レッドストーンの秘密を解き明かしていきます。

　でも、ほかの本にあるような「NOT回路」「OR回路」など、むずかしい回路の説明は"あえて"していません。その代わりに、どうしてブロックに信号が伝わっていくのか、僕自身がきちんと理解できるまでなんどもなんどもブロックを壊したり、組み立てたりしながら時間をかけてつくっています。信号がどのように伝わっていくのかが分かれば、「NOT回路」「OR回路」といったむずかしい回路も自分の手でつくれるようになるはず！

　「レッドストーンがなんとなく苦手」と思っている初心者はもちろん、動いているしくみや理由をもっと知りたいと思っている熟練者まで、幅広く楽しめる本にしたつもりです。

　この本を作るにあたって、赤石先生や、担当編集の大波さん、出版社の方々には、とってもお世話になりました。ずいぶんと長い時間をかけてしまいましたが、無事発売することができて、感謝の気持ちでいっぱいです。さいごに、この本を手に取っていただいた皆様にとって、マイクラが最高に楽しいゲームになることを、心から願っています！

2016年11月吉日
株式会社タトラエディット
外村克也（sonohoka）

CONTENTS

注意事項／対応機種 2
はじめに 3
CONTENTS 4

0時間目
レッドストーン回路を作る前に

0-01	Minecraftとは 10
0-02	レッドストーンとは 12
0-03	レッドストーン回路作成におすすめの環境 14
0-04	レッドストーン回路作成のおすすめ設定 15
0-05	本書で作成するレッドストーン回路へのアクセス方法 ... 16

1時間目
レッドストーンを"使わない"
回路で学ぶ「回路の基本」

1-01	レッドストーン回路で使えるブロックの種類って？ 18
1-02	信号はどのように伝わっている？ 21
1-03	3種類のスイッチを覚えよう 24
1-04	ピストンを使ったかんたんな仕掛けを作ろう 27

2時間目
レッドストーンで遠くへ信号を伝えよう

2-01	レッドストーンの設置方法を覚えよう	32
2-02	離れたブロックどうしをレッドストーンでつなげよう	35
2-03	上方向に信号を伝えよう	41
2-04	レッドストーントーチを使って信号を反転させよう	43
2-05	レッドストーン回路を地下に隠すには	48
2-06	レッドストーン自動ドアを完成させよう！	52

3時間目
繰り返し動く仕掛けを作ってみよう

3-01	花火を打ち上げてみよう	58
3-02	コンパレーターの機能を知る	62
3-03	クロック回路を理解しよう	66

4時間目
ブロックの状態によって
動きが変わる回路を作ってみよう

4-01	回路自体が前進しつづける不思議な装置を作ろう	72
4-02	レッドストーントーチとピストンを組み合わせた水抜き装置を作ろう	78
4-03	チェストにアイテムを入れたら開くトビラを作る	86

5時間目
ついに実践！
赤石回路を作ってみよう

5-01 どっちが正解!? 宝箱に行くための隠し階段 98

5-02 溶岩にまっさかさま！ 石レンガの落とし穴 107

5-03 開くと連続で花火が打ちあがる 特別なチェスト 116

5-04 カッコよくせり出す！ 隠し通路 123

6時間目
そのほかさんの
おもしろ回路集

6-01 TNTのチカラで俺が飛ぶ！ ぶっとびジャンプ台 134

6-02 連続して花火が上がる！ ゾンビ式クロック回路 139

6-03 本当に水が流れる！ レッドストーン水洗トイレ 146

6-04 ぐるぐる回り続けるロシアンルーレットを作ろう！ 155

6-05 まーちゃんの作ってみた！① 「音符ブロックを鳴らしてみよう」 163

6-06 まーちゃんの作ってみた！② 「夜になると自動で点く街灯」 164

6-07 まーちゃんの作ってみた！③ 「ボタンでトロッコを発車させる」 165

6-08 まーちゃんの作ってみた！④ 「トリップワイヤーフックの自動攻撃装置」 166

付録

便利なコマンド集
レシピ表
PC⇔PS⇔Wii U⇔PE読み替え表
ブロックID

付録1	便利なコマンド集	168
付録2	レシピ表	181
付録3	PC⇔PS⇔Wii U⇔PE読み替え表	183
付録4	ブロックID	184
INDEX		191

登場人物

レッドストーンのことならなんでも知っている赤石先生に、レッドストーン初心者のそのほかさんとまーちゃんがレッドストーン回路を教えてもらうよ。この3人と一緒にレッドストーンを学んでいこう！

そのほかさん
ゲームが大好きなまーちゃんのお父さん。雑誌や本を作る仕事をしている！ マイクラはサバイバルが好きだけど頭を使うレッドストーンはとっても苦手。

赤石先生
ネット動画や雑誌で大活躍中の、レッドストーンのことならなんでも知っている先生！ そのほかさんとまーちゃんにレッドストーン回路を教えてくれる。

まーちゃん
ネット動画がきっかけでマイクラをはじめた小学5年生。勉強と小説が好きなしっかりもの。マイクラはクリエイティブモード中心に遊んでいて、レッドストーンにも興味津々。

マイクラは好きだけど…レッドストーンは難しくてよくわかんねぇんだよな……

私も…。でも、クリエイティブモードが好きだから、レッドストーンを使えたらもっとクラフトを楽しめる気がするわ

俺はサバイバル派だけど、レッドストーンを使えたら、面白いトラップとか作れそうだなって

 レッドストーンは奥が深いからね。「どうやって信号が伝わっているのか」をひとつずつ理解していくことが、レッドスーンの解明につながるよ！ この本では、難しい言葉は使わずに、優しい言葉で1つ1つ、動く仕組みを解説しているんだ。一緒にレッドストーンを楽しもう！

先生、よろしくお願いします！

0時間目

レッドストーン回路を作る前に

> Minecraftってどんなゲーム？ レッドストーンって何？ まずは、Minecraftやレッドストーンの基本的な知識を身に付けよう！

0時間目　レッドストーン回路を作る前に

Chapter 0-01
 Minecraftとは

Minecraftは「サンドボックス」というジャンルのゲームだ。サンドボックスには、「砂場のように自由にものを作ったり、試したりする」という意味がある。ブロックで作られた世界で冒険をしたり、自由に建築したりできる。

豊かな自然が広がるブロックの世界！

> Minecraftの世界は僕たちの世界と同じように昼と夜があって、雨の日も晴れの日もある。動物が生息し、いろんな気候もある。まるでブロックでできた地球みたいなんだよ

> Minecraftには、草原や砂漠など、さまざまな地形（バイオームと呼ぶ）が用意されているんだよ。その数は10種類以上！　自然豊かな世界を楽しもう

雪が積もる一面銀色の世界！　背の高い木が生い茂った密林。　サボテン以外は植物はほとんどない。

ゲームの目的はさまざま！

> Minecraftには普通のゲームのようなストーリーはないから、遊び方はプレイヤー次第。探検したり、家を建てたり、色んな遊び方ができるよ。本書では、レッドストーンを使った色んな仕掛けを作ってみよう！

1時間目　レッドストーンを"使わない"回路で学ぶ「回路の基本」

2時間目　レッドストーンで遠くへ信号を伝えよう

3時間目　繰り返し動く仕掛けを作ってみよう

10

Minecraftのゲームモード

Minecraftには、「サバイバルモード」と「クリエイティブモード」の2つのモードがあるよ。レッドストーンはどちらでも使えるけど、サバイバルモードだと、レッドストーンを洞窟などで入手しなければいけない。クリエイティブモードでの練習がオススメだ

クリエイティブモード

ゲームオーバーの心配なく、自由に建物を作ることができるモード。レッドストーンも使い放題だ！

サバイバルモード

ブロックはすべて自力で入手する。モンスターに襲われたりすると、体力が減少し、ゼロになるとゲームオーバーになってしまう。

レッドストーン回路構築はクリエイティブモードがオススメ！

クリエイティブモードは、ブロックを無限に使って、自由に建物や仕掛けなどを作れるモードだ。空を飛ぶことができるので、高さのある建物も建てられる。体力や満腹ゲージがなく、ダメージを受けるという概念がないから、ひたすら建設に打ち込めるので、レッドストーン回路作成におすすめ。

自信がある人はサバイバルモードでもやってみよう

サバイバルモードでは、素材のブロックはすべて自分で手に入れるので、レッドストーンも自分で採掘しなければいけない。プレイヤーに体力の概念があり、なくなるとゲームオーバーになって死んでしまう。持ち物はその場に放り出されてしまうが、建築した建物などはそのまま残る。

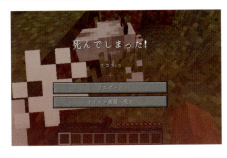

Chapter 0-02
レッドストーンとは

「レッドストーン」とは、Minecraftの世界にある特殊な砂だ。このレッドストーンを地面に並べると線のように繋がっていく。遠くのブロックに動力を伝える役割を持っている。立方体ではなく導線のような形状をしているなど、他のブロックとは見るからに異なる性質を持っているぞ。

導線のように繋がる
特殊なブロック

これがレッドストーン。アイテムスロットに入っているときは三角おにぎりのような形にみえるけど、地面に置くと砂のようになるよ。並べて置くと砂が繋がってて導線になるんだ

並べて置くと、つながって線になる

アイテムスロットでは三角おにぎりのような形

レッドストーンを手に入れる

レッドストーンは、クリエイティブモードならインベントリから。サバイバルモードなら、レッドストーン鉱石を壊すことで手に入るよ

クリエイティブモードではアイテムから

クリエイティブモードのときは E キーを押してインベントリを開こう。「レッドストーン」のタブから画面下のアイテムスロットに入れることで、使えるようになる。

サバイバルモードは鉱山で

サバイバルモードのときは、地下に潜ってレッドストーン鉱石を探そう。「鉄のツルハシ」か「ダイヤのツルハシ」で壊すことで、レッドストーンを手に入る。

レッドストーンとは ≫ Chapter 0-02

レッドストーンでさまざまな仕掛けがつくれる

レッドストーンを使うと、ブロックに動きを出したり、見た目を変えたりといったことができるようになる。Minecraftをプログラミングするように楽しむことができるんだ。自由度の高いMinecraftというゲームをさらに楽しむことができるようになるんだよ

畑の自動収穫機や水抜きの装置などマイクラの世界の生活を便利にする装置

畑で育った作物を一気に刈り取ることができる作物自動収穫機や、水辺を砂で埋め尽くす水抜き装置など、手動で行うのが面倒な作業をレッドストーンを使って自動化することができる。

落とし穴や壁が光る仕掛け

レッドストーン上級者になると、さらに大掛かりな仕掛けが作成できる。通ると壁が光ったり、床がせり出したりするトラップが満載のアトラクションも作れるようになる。

さらに大規模な建築物もできる

これは、筆者が運営しているMinecraft用サーバー（svr.tatraedit.com）でユーザーのsoushi53さんが作ったレッドストーンによる仕掛けのあるダンジョン。レッドストーンを極めれば、こんな大規模な建築物をつくることもできるようになるんだ！

 レッドストーンを使えば、脱出ゲームやアクションゲームなどをMinecraftの中で作れるようにもなるよ。これから解説するしくみをマスターして、マイクラをもっと楽しもう！

Chapter 0-03
レッドストーン回路作成におすすめの環境

Minecraftは、パソコンで遊ぶ「PC版」、スマートフォン・タブレットアプリで遊ぶ「Pocket Edition(PE)版」、PlayStation Vitaなどの家庭用ゲーム機で遊ぶ「コンソール版」などさまざまなエディションで発売されているが、レッドストーンの使える範囲が異なる。本書ではPC版で解説している。PC版はコマンド機能なども使えるのでオススメだ。

レッドストーンが使える機種

レッドストーンは、すべてのMinecraftのエディションで同じように対応しているわけではない。フル機能で使えるPC／Mac版のほか、iOSやAndroidで遊べるスマホ版、PlayStation Vitaなどの家庭用ゲーム機で遊べるゲームコンソール版においてのみ、レッドストーンが使える。Raspberry piで動く「Minecraft Pi Edition」には、残念ながらレッドストーンの機能が入っていない。

レッドストーンを使うことができる機種

	PC／Mac版	スマートフォン版	ゲームコンソール版	Raspberry Pi版
レッドストーンの機能	利用可能	利用可能	利用可能	不可
備考	すべての機能が使える	一部挙動が異なるものの、すこしの調整でPC版で作られた回路を再現できる	すべての機能が使える	レッドストーンの機能がない

この本では、フル機能が使えるPC版Minecraftを使ってレッドストーン回路を解説しているよ。スマートフォン版やPS版、Wii U版Minecraftを使っている人も、この本を読むことができるけど、一部のアイテムの名前がPC版と違っている。183ページに各エディションで異なるアイテム名を表にしているよ

レッドストーン回路にはPC版Minecraftがオススメ

この本は、PC版のMinecraftをベースに解説しているよ。PC版ならレッドストーンのフル機能が使えるのはもちろん、コマンドを使って大がかりな回路を手早く作ったり、ブロックをまとめて置いたりすることができてオススメだ。

Chapter 0-04

レッドストーン回路作成の おすすめ設定

これからレッドストーン回路を学んでいくにあたって、ブロックを置きやすい設定をしたワールドを作成してみよう。操作が格段にラクになるぞ。

クリエイティブモードにしよう！

サバイバルモードでは、レッドストーン回路を作るために鉱石などの材料を集めなければならない。ブロックやアイテムを無限に使えるクリエイティブモードなら、心ゆくまで回路を作り直すことができるのでレッドストーン回路はクリエイティブモードで作成するのがオススメだ。サバイバルモードで遊びたい人も、最初はクリエイティブモードで動きをためしてみてからサバイバルモードで作り直せば、ブロックやアイテムのムダが省ける。

ゲーム開始時、「ワールド新規作成」からゲームモードを「クリエイティブ」に変えよう。

スーパーフラットで作ろう！

レッドストーン回路を作るときには、通常のワールドでは凸凹が多くてとても作業しにくい。そのため、スーパーフラットで行うのがおすすめだ。

上の画面で「その他のワールド設定」をクリックする。ワールドタイプを「スーパーフラット」にしよう。

表面を岩に変えよう！

そのままゲームを開始すると、開始地点の地面が緑色（草の色）になることも。レッドストーンを置いたときに見えづらいと感じたら、レッドストーン回路作り用のプリセットを使おう。また、スライムがわいて作業しにくいときには、高さを41以上に変えればスライムが発生しなくなる。

上の画面の「カスタマイズ」→「プリセット」から「Redstone Ready」をクリック。岩におおわれた高さ56のスーパーフラットを作ることができる。

Chapter 0-05

本書で作成するレッドストーン回路へのアクセス方法

この本で作成するレッドストーン回路は、下記のサーバーに置かれているぞ。ちゃんと動かないときは、PC版のMinecraftでつないで、たしかめてみよう！

  マルチプレイサーバーで、レッドストーン回路を確認！

本書で利用している回路は、Minecraftのマルチプレイサーバー「タトラサバ」の「レッドストーン研究所」に置かれている。下記のようにアクセスして、レッドストーンの動く様子を確認してみよう。

1 タイトル画面で「マルチプレイ」をクリックする

2 「サーバーを追加」をクリックする

3 「サーバーアドレス」欄に「svr.tatraedit.com」と入力して「完了」をクリックする

4 サーバーアイコンにマウスポインターを乗せると表示される▶をクリックしてマルチプレイ開始！ 「レッドストーン研究所」のゲートをくぐろう！

COLUMN サーバーに遊びに来てね！

このサーバーでは、サバイバルモードやクリエイティブモードのマルチプレイを楽しむことができる。「レッドストーン研究所」だけでなく、さまざまな遊び方を開拓してみよう！

1時間目

レッドストーンを"使わない"回路で学ぶ「回路の基本」

> レッドストーンの基本中のキホン！ 回路で使うブロックのことについてみてみよう！ 回路どうしをくっつければ、レッドストーンなしでも機能を調べることができるんだよ。

Chapter 1-01

 レッドストーン回路で使えるブロックの種類って？

レッドストーン回路で使えるブロックには、大きく2つの種類がある。ひとつは、ドアやピストンといった出力装置。もうひとつは、レバーやボタンなどの入力装置となるブロックだ。この2つの種類のブロックには、それぞれの特徴がある。どんな特徴があるかを見ていこう。

それじゃあ、さっそくブロックを置いてみようか。
レッドストーンランプと感圧板を並べて置いてみよう！

これでいいのかな？

うん、いい感じだね。
それじゃあ、感圧板の上に乗ってみよう

感圧板

レッドストーンランプ

うお！光った!!

2 光る

1 上に乗る

でもこれ、レッドストーン使っていないね

いいところに気が付いたね。じつは、Minecraftには《出力装置》と《入力装置》があるんだ。
この2種類のブロックを組み合わせることで、かんたんな仕掛けができるんだよ

「出力装置」と「入力装置」がある！

仕掛けで使うブロックには2種類ある。「出力装置」と「入力装置」だ。

出力装置とは

出力装置は、動くことのできるブロック。ドアなどのように見た目で動いたことがわかるものもあるし、ディスペンサーなど中に収納したアイテムを発射するものもある。

出力装置名	説明
❶ ドロッパー＆ディスペンサー	中に入れた道具を射出することができる
❷ 音符ブロック	音を鳴らすことができる
❸ 粘着ピストン	ブロックを押し出したり、ひっこめたりできる
❹ ピストン	ブロックを押し出すことができる
❺ TNT	半径4ブロックを破壊する
❻ レッドストーンランプ	光らせることができる
❼ 各種トラップドア	縦方向に開くドア
❽ 各種ドア	開閉することができる扉
❾ 各種フェンスゲート	開閉することができる柵

入力装置とは

入力装置は、出力装置に信号を送って動かすためのもの。ボタンやレバーなどの種類がある。回路を動かすために必要なブロック。

入力装置名	説明
❶ レバー	信号のオン・オフを切り替えられる
❷ 感圧板	上に乗ると信号を送る
❸ ボタン	押すと約1秒間信号を送る
❹ 日照センサー	明るさに応じて信号を送る
❺ トリップワイヤーフック	2つセットで使う。糸を張ると、通過したときに信号を送る罠を仕掛けられる
❻ トラップチェスト	開いたときに信号を送る
❼ レッドストーンブロック	つねに信号を送り続ける
❽ レッドストーントーチ	つねに信号を送り続ける

こうやって並べると、自動ドアができるね！

2 出力装置（ドア）が動く（開く）

1 入力装置（感圧板）に乗ると……

こんなの作ってみたぞ！

!!

うわぁ！

危なかったね……。みんなも、出力装置と入力装置を並べて、いろいろ試してみよう！

Chapter 1-02
信号はどのように伝わっている？

入力装置は隣接したブロックに信号を伝えることができる。実際にどのような範囲に信号を伝えることができるかを知っておくことは、今後の回路づくりに役に立つので覚えよう！

 さっきは感圧板に乗ったら、隣のドアが開いたけど、こんな風に、隣においたブロックが動く決まりなんですか？ 隣だけじゃなくて上や下に置いたブロックも動くんですか？

 そうだね。じゃあ、実際に試してみよう。こんな感じに、レッドストーンランプを置いてみようか

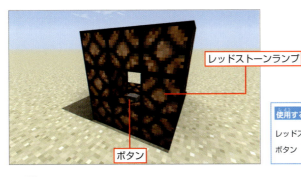

レッドストーンランプ
ボタン

使用するブロック
レッドストーンランプ ×8
ボタン ×1

 どうなるんだろう

 それじゃあボタンを押して、確かめてみよう

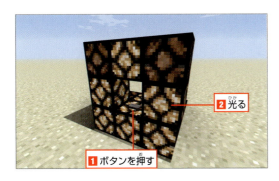

1 ボタンを押す
2 光る

 上下左右は光るけど、斜めは光らないのね

そうだね。実際に伝わるブロックは、こんな感じになるよ

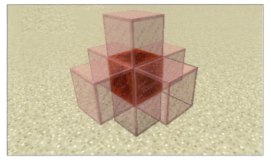

全部の面に信号が伝わるってことかな

例外もあるけど、今のところは、上下左右の隣接したブロックに伝えられることだけ覚えておけば大丈夫。ひとつの入力装置でも、同時にたくさんの方向に信号を伝えることができるんだ。じゃあ、その性質を使って、こんなふうにドアと感圧板を並べてみよう

何かしら？

中に入ってごらん

使用するブロック
鉄のドア ×4
感圧板 ×1

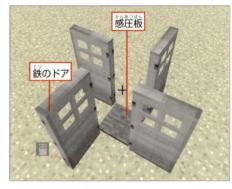

感圧板
鉄のドア

あっ！閉じ込められた!!

サバイバルモードでもカンタンにできるから、クリーパーを閉じ込めるワナにも使えるよ！

たすけてぇ

COLUMN 自動装備マシンを作ってみよう

ディスペンサーは、中のアイテムを射出するという特性がある。このしくみを使って自動で装備するマシンをつくってみよう。ドロッパーだと装備できないので、かならずディスペンサーを使うこと！

使用するブロック
ディスペンサー ×4
感圧板 ×1
各種防具

このように、4方向にディスペンサーを並べ、それぞれに防具をセットする

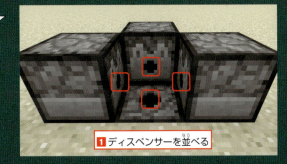

1 ディスペンサーを並べる

Shift キーを押しながら感圧板を設置する

2 感圧板を設置する

感圧板を踏むと、中に入れた防具が自動的に装備される！

3 防具が自動的に装備される

Chapter 1-03

3種類のスイッチを覚えよう

入力装置（19ページ参照）にはたくさんの種類があるけれど、その中で、信号のオンとオフを切り替えられる「スイッチ」と呼ばれるブロックがある。「スイッチ」は3つの種類がある。使い分けることで、さまざまな用途に対応できるようになる。しっかり覚えておこう！

 部屋に明かりをつけようと思っているんだけど、うまくいかないの……しばらくすると明かりが消えちゃって……

1 ボタンを押しても……

2 すぐ消えてしまう

なるほど。これは、付けるスイッチがちがうね。ボタンは約1秒間しかオンにならないんだよ。ボタンのかわりにレバーを付けて、右クリックでオンにすれば……

 光ったままになった！

レバーにすれば明かりがついたままに！

 スイッチにはいろいろ特性があるんだ。一定の時間オンのままになるものや、ずっとオンの状態になるものなど、次のページにまとめてみたよ

スイッチの種類

スイッチにはたくさんの種類があるけれど、大きくは次の3種類にわかれる。ひとつめは、アクションを起こした後一定時間の間オンにするもの。ふたつめは、アクションを起こしたあと、ずっとオンになっているもの。みっつめは、条件に応じてオンとオフが切り替わるものだ。

スイッチの種類① 一定時間オンになる入力装置

入力装置名	説明
❶ボタン（木）	押すと1秒間だけオンになり、信号が流れる。
❷ボタン（石）	木のボタンとまったく同じ機能を持っている。

スイッチの種類② オンとオフを切り替えられる入力装置

入力装置名	説明
❶レバー	右クリックでオンにして、信号を流しっぱなしにできる。

スイッチの種類③ 条件によってオンとオフが切り替わる入力装置

入力装置名	説明
❶日照センサー	周囲の明るさに応じて、流す信号の強さが変わる。
❷トリップワイヤーフック	2つのトリップワイヤーフックの間にしかけた糸を遮るとオンになる。
❸石の感圧板	上に動物やモンスターが乗っている間オンになる。
❹木の感圧板	石の感圧板と同じく上に動物やモンスターがいる間オンに。
❺トラップチェスト	開いている間だけオンになる。

条件によってオンとオフが切り替わるスイッチってなんですか？

これはね、プレイヤーの動作や、周囲の状況によって動き方が変わるスイッチなんだよ。たとえばこの日照センサーは……

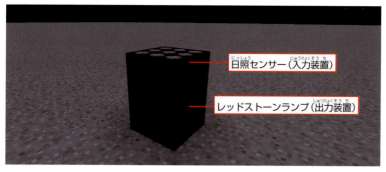

日照センサー（入力装置）

レッドストーンランプ（出力装置）

昼と夜でオンとオフがきりかわるのね！

正解。日照センサーは、そのままだと明るいときに強い信号を発信する。逆に暗いときは弱い信号になるんだ。けど、いちど右クリックしたら、性質が変わって、暗い時に強い信号を発信するようになるんだ。そこで、レッドストーンランプの上に設置して右クリックしておくと……

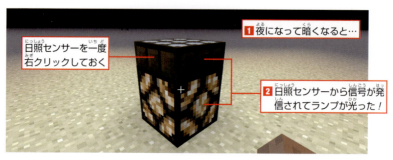

日照センサーを一度右クリックしておく

❶ 夜になって暗くなると…

❷ 日照センサーから信号が発信されてランプが光った！

夜になったら自動で明かりがついた!! これは家の前にあったら便利だな

そうだね。簡易的な街灯になるよ。日照センサーは他にもいろんなときに役立つから、使い方を覚えておこうね

Chapter 1-04

ピストンを使ったかんたんな仕掛けを作ろう

出力装置にも、たくさんの種類がある。ここでは、わりと手軽に使うことができるピストンを使って、いろんな仕掛けづくりに挑戦してみよう。

このブロックおもしれー。
ガシャン！

なにやってるの？

それはピストンだね。信号のオンとオフで形が変わるブロックなんだ

伸びたり縮んだりするのね。でも、どんなときに使うんだろう？

高度なレッドストーン回路によく使われるんだけど、おもしろい性質を持っているんだよ。こんな仕掛けを作ってみてごらん

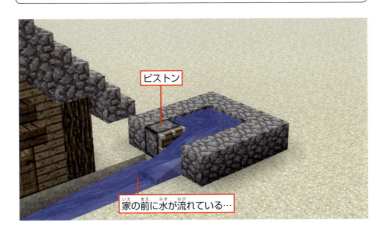

ピストン

家の前に水が流れている…

あっ！ オレん家の前に川を作ってる!! 家のドアの前に水があるなんて嫌なんだけど

ま、見てて。ここにレバーを置いて、こうすると……

水の流れが止まった!?

1 レバーを設置してオンにする

2 ピストンが伸びて水をさえぎった！

ピストンの伸縮で、水の流れる道をふさいだんだ。レバーの代わりに26ページで出てきた日照センサーを置けば、夜にモンスターをドアの近くに寄せ付けない仕掛けを作ることができるよ。昼は日照センサーから信号が発信されてピストンが伸びるから水を遮ってくれて、夜になると信号が弱まって、ピストンが縮み、水が流れるんだ

なるほど！

ピストンの特性

ピストンにはどんな特性があるのか知っておこう。

ピストンの特性その① 入力装置をオンにすると伸びる

ピストンは、信号が流れていない状態では1ブロック分、流れている状態では2ブロック分の大きさに変化する。

伸びたり縮んだりするのね

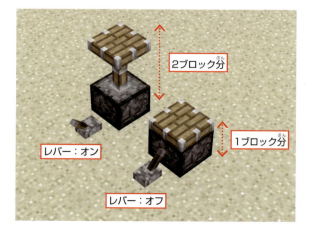

2ブロック分

1ブロック分

レバー：オン

レバー：オフ

ピストンの特性その② 前のブロックを押し出すことができる

ピストンには、もうひとつ面白い特性があるんだ。こんな風に砂利とピストンとレバーを組み立ててみてごらん

このレバーを操作すればいいんだな。あっ！

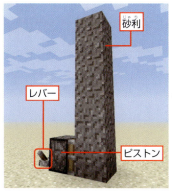

砂利がピストンに押し出された！

そう。ピストンは目の前のブロックを押し出すことができるんだ。レバーを繰り返し操作してみようか

うお！じゃんじゃん砂が押し出されるぞ！

こんな使い方もできるのね

ただし、黒曜石は動かすことができないから、覚えておこう

COLUMN ブロックをくっつける「粘着ピストン」

Minecraftには、ピストンによく似た≪粘着ピストン≫というアイテムがある。粘着ピストンは、ブロックとくっつくことができ、押し出したあと縮んだら、くっついたブロックが戻ってくるのだ。前ページの装置のピストンを、粘着ピストンに変えて動きがどう変化するかを確かめてみよう。

> 前ページの回路の「ピストン」を「粘着ピストン」に変えて、同じように動かしてみると、砂利ブロックの動きがかわるよ

COLUMN 海底神殿の水抜きもできる

ピストンと砂利や砂を使うことで、海底神殿を水抜きするための回路を作ることもできるぞ。くわしい仕組みや作り方は84ページをチェックしよう。

> 水の上に砂を流し込んでいくことで水抜きを補助する回路。水に大量の砂を沈めたあとで、砂を掘り起こすと水抜きができる

2時間目

レッドストーンで遠くへ信号を伝えよう

レバーやボタンなどの信号を、離れた場所に設置されたドアやランプにつなげたいときには、レッドストーンを敷いてつなげるんだ。見た目とは違う、独特の伝わり方をするから、しっかりと覚えていこう！

Chapter 2-01

🟥 レッドストーンの設置方法を覚えよう

洞窟などからとれるレッドストーンは、ほかのブロックやアイテムにはない特別な性質を持っている。その性質とは、ボタンやレバーなどの入力装置から発した信号を伝えるというもの。この性質を使えば、遠くに離れた出力装置を、リモコン操作できるようになる。

先生、オレもうレッドストーンいいや。だって、レッドストーンがなくっても、いろんな仕掛けが作れるじゃん

なるほどね。じゃあ、この仕掛けを見てみてよ

ただのガラスブロックだけど…この感圧板にヒミツがありそうね

ガラスブロック

感圧板

感圧板に乗ってみよう！ うお！ ガラスの扉がまるで自動ドアのように開いた!!

レッドストーンの設置方法を覚えよう >> Chapter 2-01

これは、レッドストーンを使って左右に隠された4つの粘着ピストンへ同時に信号を伝えることで、ガラスの扉が開閉する仕掛けなんだ

あっ、地面に何か赤いものが隠されている！

これがレッドストーン。ここからの解説を読めば、これくらいのしかけは簡単に作ることができるよ

先生！よろしくおねがいします！

レッドストーンを敷いてみよう

まずは、レッドストーンの設置方法をマスターしよう。レッドストーンを手に持った状態で地面を右クリックすれば、レッドストーンを置くことができる。隣のブロックにレッドストーンを置けば、2点間がつながる。

レッドストーンの基本の置き方

1 地面を右クリック

アイテムスロットにレッドストーンをセットして地面を右クリックする。

2 設置できた

セットしたブロックに赤い点ができた。

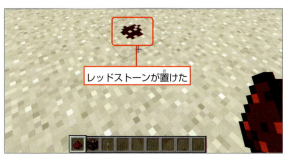

33

3 つなげて設置する

隣のブロックにレッドストーンを置くと、つながって線になる。

レッドストーンがつながって線になる

こんな絵も描けるぜ！
赤石先生の似顔絵〜！

……………

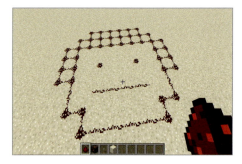

配置したレッドストーンを取り除くには

レッドストーンを間違った位置に置いてしまったときは、取り除きたい個所にカーソルを合わせてクリック。ブロックはそのまま残り、上に敷かれたレッドストーンだけが取り除かれる。

1 消したい場所を選択する

取り除きたい部分に十字のカーソルを合わせると、レッドストーンの部分だけが黒い線で囲まれる。

❶カーソルを乗せる

2 レッドストーンを壊す

そのままマウスをクリックすると、レッドストーンの部分だけが壊れて取り除かれる。

❷クリックすると取り除かれる

POINT　レッドストーンダストってなに？

ネットの実況動画などを見ていると「レッドストーンダスト」と言っていることがある。これは、レッドストーンのこと。レッドストーントーチやレッドストーンランプなど「レッドストーン」と付くものが多いので、レッドストーンそのもののことを「粉」すなわち「ダスト」という言葉を付けて区別しているんだ。本書では、レッドストーンダストのことは「レッドストーン」と表記するぞ。

Chapter 2-02
離れたブロックどうしをレッドストーンでつなげよう

レッドストーンのすごいところは、地面に模様を書けるだけじゃないのはご存知のとおり。ここからは、実際にブロックどうしをつなげて、レッドストーン回路を動かしていくぞ。

　レッドストーンと、レバー。それにレッドストーンランプの準備はできたかな？

できました！

　じゃあ、設置してみよう。ブロックのあいだにあるレッドストーンは、いくつでもいいよ

　こんな感じかな？

使用するブロック
- レッドストーン　適量
- レバー　×1
- レッドストーンランプ　×1

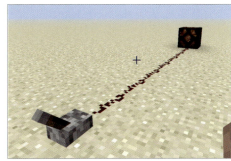

　いい感じだね。それじゃ、レバーを右クリックしてオンにしてみよう！　まちがってクリックするとレバーが壊れてしまうから、そのときはレバーを置きなおそう

　あ、レバーをオンにするとレッドストーンランプが光った！

　うん、成功だね。その状態のまま、レッドストーンをよくみてごらん

1 レバーを右クリックしてオンにする

2 レッドストーンランプが光る

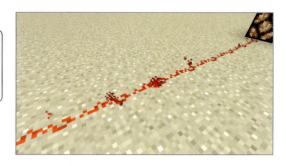

なんだか、レッドストーンから煙みたいなものが出ているね

レッドストーンに信号が流れているとき、レッドストーンは、赤く光りながら、煙が出るんだ

先生……
ぜんぜんうまくいかねえ……

ずいぶん変な形で作ったね！

これはね、長すぎるんだよ。レッドストーンは長くつなげるほど、少しずつ信号が弱くなって最後は伝わらなくなるんだ

えっそうなの？

レッドストーンは、そのままの状態だと、伝えられる距離が決まっているんだ。こんな回路を作ると、信号が届く距離を調べることができるよ

1, 2, 3, 4……。
たくさんのランプが光って、途中で消えてるね

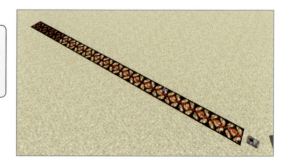

そうだね。レバーやボタンなどが発信した信号は、少し遠くまで届くんだよ。入力装置の種類によって届く距離は違うんだ。では、こんな装置を作って入力装置からの信号がどこまで届くかを調べてみよう

入力装置からの信号がどこまで届くかを調べてみよう

レッドストーンランプを使って、信号がどこまで届いているかをランプの明るさで調べることができる。作り方はこのとおり。

1 レッドストーンランプをつなげていく

まずは1ブロック分の穴をあけ、レッドストーンランプを置く。これを20ブロック分つなげていく。

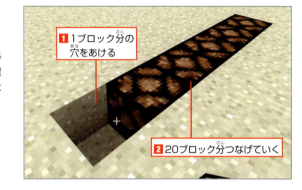

■1 1ブロック分の穴をあける

■2 20ブロック分つなげていく

2 レッドストーンを置く

レッドストーンランプの上にレッドストーンを置いていく。

レッドストーンを置いていく

3 レバーを設置する

すべてのランプにレッドストーンを置くことができたら、先端に入力装置になるブロックを設置。ここではレバーを設置したよ。レバーをオンにしてみて、何個目まで光っているか確認してみよう。

レバーを設置してオンにする

37

たとえばレバーだったら、15ブロックまでしか力が届かないなら、それ以上大きな仕掛けを作るのは無理なのかな……

大丈夫。
じつは、あるブロックを使うと、遠くまで信号を送ることができるようになるんだ。
それがこの「レッドストーンリピーター」だ！

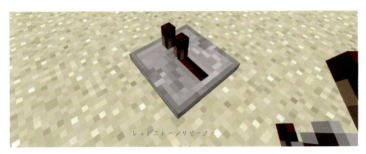

俺も近所のハンバーガーショップのリピーターなんだけど

繰り返し訪れるお客さんのことをリピーターって呼ぶけれど、レッドストーンリピーターの場合は「中継する機器」という意味なんだ

テレビ局の中継車みたいな？

それに似ているね。撮影現場から遠く離れたテレビ局まで映像を届けるのが中継車。15ブロックまでしか届かない信号を、遠くまで届けられるのがレッドストーンリピーターだよ

 映像信号 → 映像信号 →

テレビカメラ　　　　　中継車　　　　　テレビ局

 レッドストーン信号 → レッドストーン信号 →

レバー　　　　レッドストーンリピーター　　　　レッドストーンランプ

それを使えば、遠くにあるランプを点けたり、ドアを開けたりできるようになるのね

レッドストーンリピーターを使ってみたけど、やっぱりうまくいかないよ……

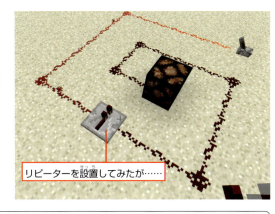

リピーターを設置してみたが……

どれどれ、なるほど。これは、リピーターの方向が違うんだよ。リピーターには方向があって、1方向にしか信号が流れないようになっているんだ。下の例のように、信号が流れる方向に合わせてリピーターを設置しよう

悪い例 方向が違うと信号が遮られてしまう

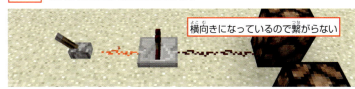

横向きになっているので繋がらない

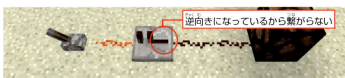

逆向きになっているから繋がらない

良い例 正しい方向にするとレッドストーンがつながる

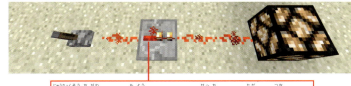

入力装置側にこの模様があるように設置すると正しく繋がる！

リピーターをはさむと、そこからまた15ブロック分信号が届くようになるんだ。足りないときは、さらにリピーターをはさもう

39

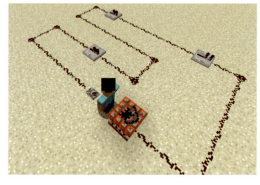

信号は2つの方向へ同時に伝えることもできる

レッドストーンは、ひとつの入力装置から複数の方向に分岐させることができる。それぞれにランプを付けて、複数を同時に光らせることもできるぞ。

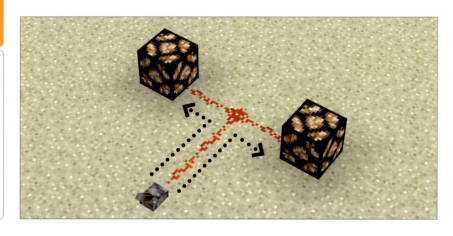

Chapter 2-03

上方向に信号を伝えよう

遠くまで信号を届けることができるレッドストーン。平面での配置は難しくないが、上下の方向に信号を伝えるとなると、すこしコツが必要になる。

天井の方にあるランプに信号を送りたいけど、どうすればいいんだろう？

そんなのカンタンじゃね？ こうやって壁に向かってレッドストーンを……あれっ？

壁には直接レッドストーンを置けない…

レッドストーンは、壁には設置することができないんだよ

そうなの？ じゃあ、天井に付いているランプを点けるけるのはムリなのかなぁ

いや、階段状にブロックを設置することで、レッドストーンを上の段に誘導することができるんだ

階段にはレッドストーンが設置できる

おお、光った！

レッドストーンは階段状にブロックを設置すれば誘導できる

レッドストーンを上の段に誘導したいときは、階段状にブロックを設置しよう。2ブロック以上の段差は越えることができない。

1 階段を作ってレッドストーンを置く

階段状にブロックを配置し、1段ずつレッドストーンを置いて行く。階段に沿うようにレッドストーンがつながっていく。

1 階段状にブロックを配置

2 階段に沿うようにレッドストーンを置いてつなげていく

2 真上につなげる

螺旋状にブロックを積み上げていけば、真上にも信号を伝えることができる。

螺旋状に階段をつくれば真上に信号を伝えることもできる

それなら、こんな感じの仕掛けもできそうね

そう。このようにレッドストーンを誘導すれば、上下のピストンを同時に動かすことができるようになる。これができれば、もう一息で自動ドアが作れるようになるよ！

階段状にレッドストーンを置き、上にピストンに信号を送る

Chapter 2-04
レッドストーントーチを使って信号を反転させよう

レッドストーントーチは、一見松明のような見た目。周囲を照らすには少し明るさが足りないけれど、レッドストーン回路に組み込むことで、不思議な能力を発揮するようになっている。

うーん……。前ページの最後で作った回路のレバーを感圧板に置き換えたら、自動ドアができると思ったんだけど……

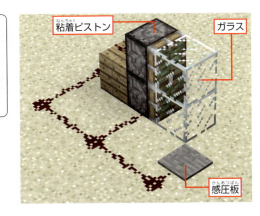

感圧板を踏んだらピストンが伸びて前に進めない！

ピストンは信号を受けると伸びるから、感圧板を踏むと扉が閉まっちゃうんだね

動作を逆にしたいんだけど、感圧板のオンとオフを逆さにできないのかな

それはできないけど、流れている信号を反転させることはできるよ

「たとえば、この回路を見てみて。一見、回路が寸断されているように見えるけど……」

「レバーをオフにすると……」

「あれ!?　レバーをオフにしたらランプが光った！」

「最初の画面をよく見てごらん？　レバーのとなりのレッドストーンが赤く光ってる。すなわち、レバーはオンの状態なのに、ランプが消えているんだ。でも、次の画面ではレバーのとなりのレッドストーンが消えているのにランプは光っている。オンとオフの動作が逆になるこの回路は「NOT回路」といって、信号を反転させることができるものなんだ」

「このトーチになにか意味がありそうね」

「いいところに気がついたね。そのとおり。このレッドストーントーチを使うことで、信号を反転させることができるんだ」

「あれ、なんかうまくいかないや……」

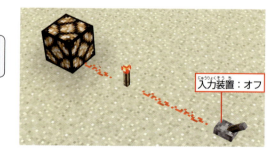

それはね、レッドストーントーチを置く場所が良くないんだよ。レッドストーントーチには下のような性質があるんだ

レッドストーントーチの機能

レッドストーントーチは、信号を受けていないときに、となりのブロックに信号を発信する機能がある。信号を受けると、レッドストーントーチは停止する。

この状態でレバーをオンにすると、どうなるかな？

信号が流れて、レッドストーンランプが光る！

そのとおり。では、このレバーを付けたレッドストーンランプにレッドストーントーチを付けてみよう。レバーをオフにするとトーチは光っているよ

レッドストーンランプ：信号が伝わっていない状態

レバー：オフの状態

トーチ：信号が伝わっていないのでオンになっている状態

そして、レバーをオンにしてみると……

レッドストーンランプに信号が伝わっているとトーチがオフになって、レッドストーンランプに信号が伝わってなかったらトーチがオンになるのね

レッドストーンランプ：信号が伝わっている状態

レバー：オンの状態

トーチ：信号が伝わったのでオフになった！

そう。隣のレッドストーンランプに信号が伝わっているかどうかが、トーチの状態を変化させるんだ。レッドストーントーチは「取り付けたブロック（付け根のブロック）に信号が伝わっているかいないか」がポイントになるんだ。付け根のブロックに信号が流れていないときは、トーチ自体が信号を発信する。つまり、前ページの最後の図では、トーチから両側のレッドストーンに信号を発信しているんだよ

> なんだか、わけがわからなくなってきたぞ……

> レッドストーントーチは、結構難しいんだ。でも、レッドストーントーチの信号の伝わり方がわかったら、レッドストーン回路の半分は理解できたといってもいいくらいなんだよ。
> じゃあ、ちょっとブロックの配置を変えて、こんな回路を作ってみよう。レッドストーントーチ、レッドストーンランプ、レバーを使うよ。まず、レバーをオンの状態にしてみよう

使用するブロック

レッドストーントーチ	×1
レッドストーンランプ	×9
レバー	×1

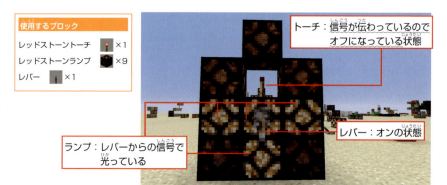

- トーチ：信号が伝わっているのでオフになっている状態
- レバー：オンの状態
- ランプ：レバーからの信号で光っている

> レバーをオフにするよ。それ！ 上に3つのランプが点灯した！

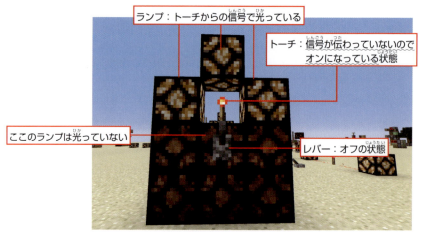

- ランプ：トーチからの信号で光っている
- トーチ：信号が伝わっていないのでオンになっている状態
- ここのランプは光っていない
- レバー：オフの状態

> このランプの光り方をよく見て、どのように信号が伝わっているかを理解しよう。
> このレッドストーントーチが付け根のブロックには信号を伝えることができないことと、上と左右に信号を伝えていることがわかるね！

レッドストーントーチを使って信号を反転させよう ≫ Chapter 2-04

なるほど、下には伝わらないんだな

いや、そうじゃなくて「付け根のブロック」に伝えることができないんだ。前ページの図では、たまたま付け根のブロックが下方向にあったからそうなっただけなんだ。たとえば、下の図を見てごらん。レバーをオフにすると、地面に埋まったランプはどうなるかな？

うん。こんなのカンタンだよ。トーチの信号は下には伝わらないから……光らない！

それはどうかな？ カチッ

レバー：オンの状態

うお！光った!?　なんで!?

トーチは、付け根のブロック以外の、上下左右に信号を送ることができるから、いつも下側のブロックに信号が届かないというわけではないんだ

レバー：オフの状態

上の図では、トーチの横のブロックが付け根のブロックになっているから光らない。付け根のブロックは、トーチに信号が来ているかどうかを判定するところだから、トーチの信号を伝えることができないんだ

 レッドストーントーチの信号の伝わり方

レッドストーントーチは、付け根のブロックに届いた信号に応じて、オンとオフが切り替わる。付け根のブロックに信号が届いていないとき、トーチは、付け根のブロック以外の上下左右のブロックに対して信号を発信する。

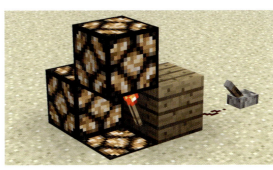

47

Chapter 2-05
レッドストーン回路を地下に隠すには

いよいよ2時間目も終盤！ ここまでマスターすれば、レッドストーン回路の半分は理解したも同然だ。もうひとつ重要な、下への信号の伝え方について、学んでいこう。

 どうだっ！ガシャン、ガシャン

 うーん、赤石先生が作った自動ドアと、なんかちがうなぁ。先生の回路はレッドストーンが見えない場所に隠れてたよ

見た目なんて関係ない！ 動けばいいんだよ～

 ええぇ……

 レッドストーン回路は、インテリアとしてはちょっとかっこ悪いよね。レッドストーン回路を地面の下に隠してしまえば、すっきりするよ！

でも、下に隠すと階段がいっぱいできちゃって……

 そんなときは、信号の特性をうまく活用するんだ

特性??

 レバーやボタンなどの入力装置には、「それぞれのブロックが信号を発信するだけじゃなく、取り付けたブロックにも同じ能力を持たせることができるようになる」という特性があるんだ

たとえば、この2つの装置のレバーをオンにしてみると……レバーが付けられたブロックのとなりも光っているのがわかるね

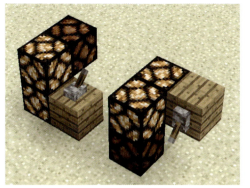

なんだこの間違い探しみたいなの……

これが信号の発信の特性なんだ。信号を発信するブロックを取り付けられたブロックも同じ性質に変化するという秘密があるんだよ。

このランプはレバーの隣なので直接レバーからの信号を受けて光っている

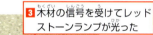

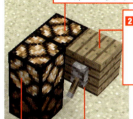

3 木材の信号を受けてレッドストーンランプが光った

2 レバーが取り付けられている木材に信号が流れて、木材が入力装置と同じ性質に変化した

1 レバーをオンにする

下の図を見て。レバーとレッドストーンランプは1ブロック分離れているように見えるけれど、間の木材にも信号が伝わっているんだ。その証拠に……

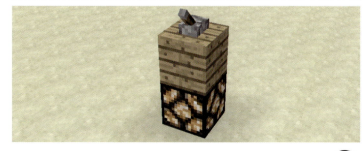

レッドストーンランプも光ってるね！

そう。その特性を使えば、入力装置となるレバーや感圧板の真下にレッドストーンの信号を伝えることができるんだ。この回路の上にあるレバーを動かしてごらん

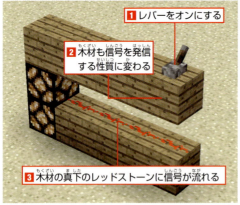

1 レバーをオンにする
2 木材も信号を発信する性質に変わる
3 木材の真下のレッドストーンに信号が流れる

レバーにあわせてランプが光った！

入力装置からレッドストーンは離れているように見えるけど、信号がちゃんと伝わるのね

32ページの自動ドアの入力装置部分はこれとおなじ仕組みで地面の下に信号を伝えているんだよ

 感圧板の下のブロックからレッドストーン信号を送ることで地下に信号を流す

感圧板をブロックに置くと、ブロックからも信号を発することができる状態になる。その下にレッドストーンを敷いていくだけで、信号を伝えることができるようになる。このしくみを使えば、階段状に掘り下げてレッドストーンを誘導しなくてもいいので、ラクに回路を隠すことができる。

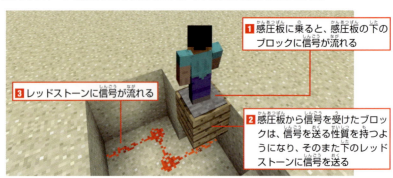

1 感圧板に乗ると、感圧板の下のブロックに信号が流れる
2 感圧板から信号を受けたブロックは、信号を送る性質を持つようになり、そのまた下のレッドストーンに信号を送る
3 レッドストーンに信号が流れる

 レッドストーントーチは真上のブロックの性質を変化させる

レバーやレッドストーンが、設置したブロックも同じ性質に変えられたように、レッドストーントーチにも似たような性質があるんだ

でも、トーチの信号は付け根のブロックには伝わらないんじゃなかったっけ？

そう。トーチは付け根に伝えられない代わりに、上方向のブロックの性質を変化させるようになっているんだよ。実際にやってみよう。じゃあこの装置のレバーをオンにしてみて

上のランプが光った！

6 木材に信号が届いていないのでトーチがオンになる

7 レッドストーンが信号を伝える

しかも、レバーでついたり消えたりできるぞ！

5 木材に信号が届いているのでトーチがオフになる

8 ランプが光る

レッドストーントーチが真上にあるブロックを同じ性質に変えていることがわかるね

4 木材に信号が届いていないのでトーチがオンになる

1 レバーをオンにする

3 木材に信号が届いているのでトーチがオフになる

2 レッドストーンが信号を伝える

こんな装置を作ってみたよ！ レバーを操作してみて！

お、なんか面白そうだな。ポチっとな

ザバー……

……。気をとりなおして、次のページからいよいよ自動ドアを作っていくよ！

Chapter 2-06

レッドストーン自動ドアを完成させよう！

これまで学んだレッドストーン回路の特徴を活用して、自動ドアを完成させてみよう！ 作成手順は3ステップにわかれている。ひとつずつたどっていけば完成できるぞ！

Step1 シャッターを作ろう

 まずは、自動ドアのかなめの部分となるシャッターを作るよ。粘着ピストンとガラスで主要部分を作って、同時に開くための木材とレッドストーンの仕掛けを作っていこう

1 粘着ピストンとガラスをならべる

粘着ピストンを縦に2つならべて、ガラスをくっつける。

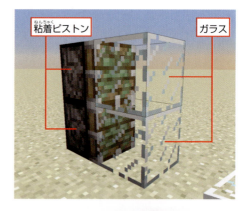

> 普通のピストンではなく「粘着ピストン」を使おう。粘着ピストンは、ブロックとくっついて、押し出したり縮んだりする。詳しくは30ページを参照しよう。

2 木材とレッドストーンを置く

粘着ピストンの後ろにオークの木材を置き、その上にレッドストーンを置く。

 このレッドストーンには、何の意味があるの？

レッドストーン自動ドアを完成させよう！ ≫ Chapter 2-06

（ぜんぜん先生の話を聞いてなかったのかしら……）

木材とレッドストーンのとなりのブロックへ、同時に信号を伝えるためのものだよ

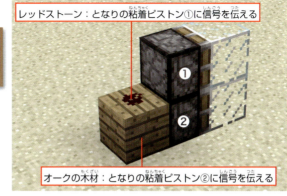

レッドストーン：となりの粘着ピストン①に信号を伝える

❶

❷

オークの木材：となりの粘着ピストン②に信号を伝える

レッドストーンを階段状に設置する意味がわからないときは、42ページを復習しよう。

Step2 信号を反転させるためのトーチをセットする

シャッターの開け閉めをする粘着ピストンは、そのままの状態（信号がないとき）だと縮んでいる。つまりガラスのドアが開いている状態だね。そこで、NOT回路を使って、信号がない時にピストンが伸びてシャッターが閉じるようにするよ。NOT回路を復習したい人は44ページを確認しよう

1 木材の下を掘る

木材の下にあたる位置を、1ブロック分掘る。

2 レッドストーントーチを置く

木材の下にレッドストーントーチをセットする。

❶ 木材の下を1ブロック分掘る

❷ レッドストーントーチをセットする

ひとまずここまで。このトーチの下のブロックにレッドストーン信号を送ると、上にピストンが縮むようになるよ

53

Step3 感圧板につながる回路を設置しよう

感圧板からの信号がレッドストーントーチ下のブロックに届くように回路をつなげれば完成だ。感圧板を配置したブロックの下に、レッドストーン回路を仕込んでレッドストーントーチのブロックまでつなげよう

1 入口に感圧板とブロックをセットしてレッドストーンをつなげる

図のように地面を掘る。ガラスの前の、入口にあたる部分に感圧板と、その下に木材ブロックを置く。さらに木材の下にレッドストーンを敷く。

- 2 感圧板をセットする
- 3 信号を伝える木材をセットする
- 4 レッドストーンを敷く
- 1 地面を掘る

2 レッドストーンをトーチの下までつなげる

レッドストーントーチの下にあるブロックまで、レッドストーンをつなげよう。

トーチの下にあるブロックまで、レッドストーンをつなげる

3 回路を隠す

配線を隠すように地面を埋める。

土ブロックなどで地面を埋める

ここまでできれば、完成は目前！ 感圧板に乗ってシャッターの開閉を確認してみよう

4 ドアの反対側も同様に作る

ドアの反対側にも同様に感圧板を置き、回路を作る。

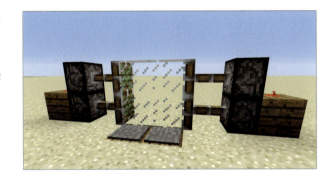

5 完成

自動ドアが完成した。感圧板に乗って、自動ドアを出入りしてみよう！

反対側からも開くようにするには、おなじように回路を作ればオーケーだよ

COLUMN トラップチェストを開くと落ちる罠

回路の向きを変えることによって、落とし穴の仕掛けをつくることもできるぞ。チャレンジしてみよう！

使用するブロック				
トラップチェスト	×1	木材		×1
溶岩入りバケツ		粘着ピストン		×1
レッドストーン		レッドストーンリピーター		×1

> 回路をよく見て、同じように作ってみよう。トラップチェストの後ろにはリピーターを設置する。リピーターを設置する理由は90ページでわかるよ！

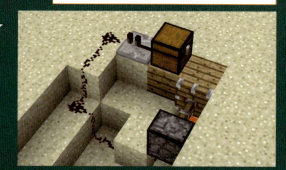

> トラップチェストの裏側から、このようにNOT回路を挟んでピストンにつなげよう

> チェストをあけると、道が開いて溶岩に真っさかさまだ！

3時間目

繰り返し動く仕掛けを作ってみよう

レッドストーンが役に立つのは、繰り返し動くしくみを作れること。なんども花火を打ち上げたりするような、手作業では面倒な操作でも、レッドストーンを使えばスイッチオンで自動的に行ってくれるんだよ！

Chapter 3-01

 花火を打ち上げてみよう

Minecraftでは、火薬と紙を使って打ち上げ花火を作ることができる。レッドストーンを使えば、自動で打ち上げる仕掛けも作ることができるのだ。

 ディスペンサーと打ち上げ花火を組み合わせれば、綺麗な花火が見られるよ。材料を変えれば、いろんな形の花火を作ることができるから、チャレンジしてみよう

 ディスペンサーで花火を打ち上げよう

ロケット花火があれば、ディスペンサーにセットすることで打ち上げることができるぞ。ディスペンサーに入力装置を取り付けて、中に花火を入れたらオーケーだ。

1 ディスペンサーに入力装置を付ける

ディスペンサーを置いて、レッドストーンを繋ぎ、レバーなどの入力装置を取り付ける。

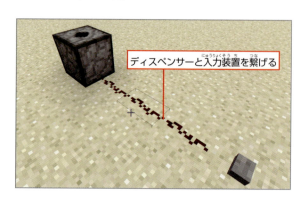

ディスペンサーと入力装置を繋げる

2 ロケット花火をセット

ディスペンサーの中にロケット花火をセットする（ロケット花火の作り方は、下記コラム参照）。

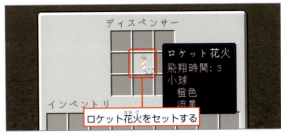

ロケット花火をセットする

3 入力装置をオンにする

入力装置をオンにすると花火が打ち上がる。

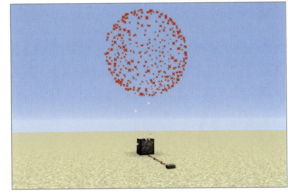

COLUMN ロケット花火の作り方

ロケット花火を作るには、花火の玉が必要となる。花火の玉は、火薬と染料を組み合わせたもの。ここへ、ファイヤーチャージやエメラルドといったアイテムを足すことで、さまざまな形の花火を作ることができる。花火の玉ができたら、火薬×3と紙×1を組み合わせて、花火を作ろう。コマンドで「/give @p minecraft:fireworks 1 0 {Fireworks:{Explosions:[{Type:1,Colors:[16711680]}]}}」と入力すれば、花火を作らずに、一発で手に入れることも可能だ。コマンドについては168ページを参照しよう。

花火の玉は、火薬と染料などの材料を並べるだけで作れる。染料を変えれば花火の色も変わるぞ！

紙と火薬を組み合わせれば、打ち上げ花火の完成だ。下に置く火薬を増やすと、より高く上がるようになるぞ

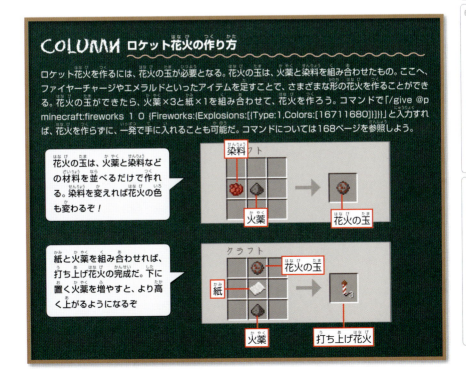

0時間目 レッドストーン回路を作る前に

でも、いちいちレバーを操作して打ち上げるのが面倒くさいなぁ

またそんなこと言って……。赤石先生、何してるの？

よし、できた。そこのレバーをオンにしてごらん

1時間目 レッドストーンを"使わない"回路で学ぶ「回路の基本」

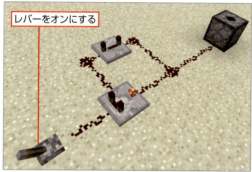

レバーをオンにする

使用するブロック		
ディスペンサー(打ち上げ花火入り)		×1
レバー		×1
レッドストーンコンパレーター		×1
レッドストーンリピーター		×1
レッドストーン		適量

2時間目 レッドストーンで遠くへ信号を伝えよう

わわ、連続で花火が打ち上がったぞ！！

ドン！ ドン！ ドン！

レッドストーン回路が高速でついたり消えたりを繰り返しているね

3時間目 繰り返し動く仕掛けを作ってみよう

このような、オンとオフを繰り返す回路のことを「クロック回路」と呼ぶんだ。クロック回路を使えば、入力装置のオンとオフを自動で切り替えられるようになるんだよ

クロック回路とは

クロック回路とは、一定の間隔でオンの信号を発信する回路のこと。電子回路などでも使われていて、パソコンの速度を表す「クロック周波数」などの言葉の元にもなっているんだ。レッドストーンでは、信号のオンとオフを繰り返す回路のことを指す。次のようにして、ランプを点滅させるクロック回路を作ってみよう。

1 コンパレーターを「減算」モードにする

レッドストーンコンパレーターを設置し、右クリックしてコンパレーターのランプを光らせる。ランプが光った状態だと「減算」というモードに切り替わる。

1 レッドストーンコンパレーターを設置して右クリック

2 ランプが光って「減算」モードになる

2 レッドストーンを繋ぐ

コンパレーターからこのようにレッドストーンを並べていく。

レッドストーンを並べていく

3 リピーターを設置する

レッドストーンリピーターを設置して、3回右クリックする。右クリックするごとに、信号を遅らせて伝えるようになる。

レッドストーンリピーターを設置して、3回右クリックする

4 ランプを点滅させる

コンパレーターの手前にレバーを、レッドストーンの先端にレッドストーンランプを設置。レバーを右クリックしてオンにしてみよう。ランプが点滅するぞ！

2 ランプを設置する
1 レバーを設置する
3 レバーを右クリックしてオンにするとランプが点滅する

 スイッチを入れるとランプが点滅する「クロック回路」はうまく作れたかな？ どういうふうな仕組みになっているかは、次のページから解説するよ！

Chapter 3-02
コンパレーターの機能を知る

クロック回路で使うレッドストーンコンパレーターは、足し算や引き算ができる特殊な機能がついている。だが、使いこなすにはちょっと難しいのだ。

> うーん、コンパレーターも前ページの設計図通りに置いたけれど、どうやってもうまくいかない……

> それはコンパレーターの「モード」が違うんだよ

> モードって？

> コンパレーターには、2つのモードがそなわっているんだ。
> ひとつは後ろにあるブロックの信号が、横にあるブロックの信号より強いときにオンになる「比較モード」。もうひとつは、後ろからの信号の強さを、横からの信号の強さで差し引く「減算モード」。前ページで作った回路は「減算」モードを使用しているよ

 ### レッドストーンコンパレーターの「比較モード」とは

レッドストーンコンパレーターは、設置してすぐの状態だと比較モードとして機能する。比較モードのときは、コンパレーターのうしろからの信号と、横からの信号のどちらが強いのかを比べることができる。うしろからの信号が強ければオンになり、横からの信号が強ければオフになるしくみだ。オンのときは距離15ブロック分の強さの信号を出すが、入力している信号の両方とも同じ強さのときは、距離13ブロック分の信号を出す。

> 先端のランプが消えてるときが比較モードのときのコンパレーターだ。後ろからの信号が強い時は、前に15の強さの信号を発信する

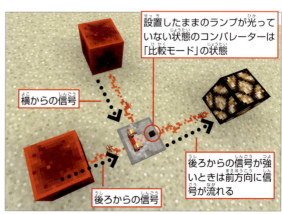

設置したままのランプが光っていない状態のコンパレーターは「比較モード」の状態

横からの信号

後ろからの信号

後ろからの信号が強いときは前方向に信号が流れる

横からの信号が強いときは、信号を発信しないよ

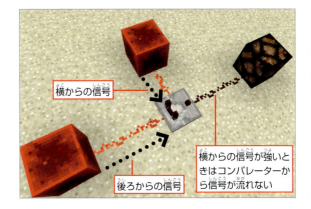

横からの信号

横からの信号が強いときはコンパレーターから信号が流れない

後ろからの信号

レッドストーンコンパレーターの「減算モード」とは

レッドストーンコンパレーターを設置したあと、右クリックすると減算モードになる。減算モードのときは、コンパレーターの先端が赤く光る（61ページ参照）。減算モードでは、コンパレーターの後ろの信号の強さを、横からの信号の強さで打ち消す。たとえば、後ろから15の強さの信号を入力し、横から13の強さの信号を入力すると、前方向へ2の強さの信号を出す。

減算モードでは、後ろからの強さを、横からの強さで差し引いて信号を発する。下の図の場合は、後ろから14、横から12の強さの信号が届いてるから、前方向へ2の強さの信号が出る

14-12=2ということか

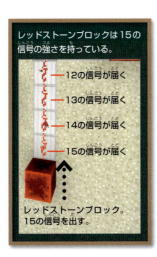

レッドストーンブロックは15の信号の強さを持っている。

- 12の信号が届く
- 13の信号が届く
- 14の信号が届く
- 15の信号が届く

レッドストーンブロック。15の信号を出す。

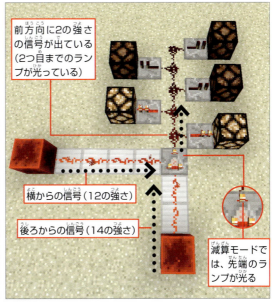

前方向に2の強さの信号が出ている（2つ目までのランプが光っている）

横からの信号（12の強さ）

後ろからの信号（14の強さ）

減算モードでは、先端のランプが光る

0時間目 レッドストーン回路を作る前に

1時間目 レッドストーンを"使わない"回路で学ぶ「回路の基本」

2時間目 レッドストーンで遠くへ信号を伝えよう

3時間目 繰り返し動く仕掛けを作ってみよう

こちらは、後ろから14、横から13の強さの信号を入力している。前方向に1の信号が出るから、2個目のレッドストーンランプまでは信号が届いていないね

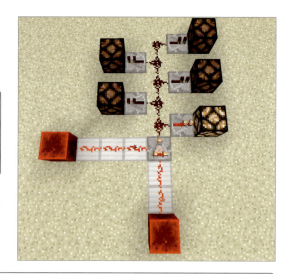

ええっと……
つまり……？

コンパレーターの機能は、たくさんあって難しいね。ひとまずは減算モードだけ覚えておけば大丈夫だよ

先生！「15の強さ」ってどういう意味ですか？

36ページで作った入力装置の信号が伝えられる距離を調べる装置を覚えてるかな？

はい！たしか36ページの図では、16ブロック目までのランプが光ってたわ！

そうだね。じつは36ページで作った回路では、最後のレッドストーンランプがとなりのブロックの信号を拾っていたので16個光っていたけど、実際にレバーが信号を送ることができる距離は15なんだ。こんな回路を作ると信号の強さを測ることができるよ

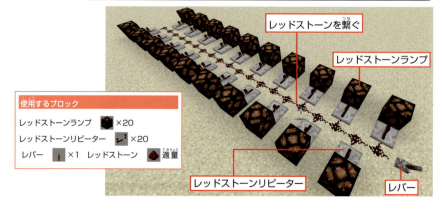

使用するブロック
レッドストーンランプ ×20
レッドストーンリピーター ×20
レバー ×1　レッドストーン 適量

レッドストーンを繋ぐ
レッドストーンランプ
レッドストーンリピーター
レバー

（ムカデみたい）

レバーをオンにしてみて？

15個光ってる！

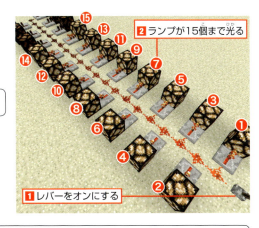

2 ランプが15個まで光る

1 レバーをオンにする

そう。レバーは信号を15ブロックまで伝えられるんだ。これを、強さとして表しているんだよ。ボタンやレッドストーンブロック、レッドストーントーチも、みんな15の強さをもっているんだ

じゃあ、この状態だと、10の強さがランプに伝わっている、ということかな？

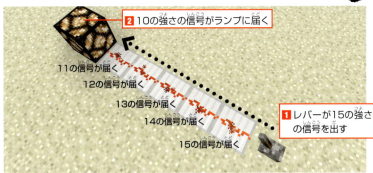

2 10の強さの信号がランプに届く

11の信号が届く
12の信号が届く
13の信号が届く
14の信号が届く
15の信号が届く

1 レバーが15の強さの信号を出す

そのとおり。15の強さの信号を発するレバーから、5つのレッドストーンを通ってランプにつながっているわけだから、15−5＝10の強さがレッドストーンランプに入力されていることになる

わかったようなわからないような……

とりあえず、クロック回路を作るうえでは、後ろからの信号を、横からの信号で打ち消すことができるということを覚えておこう

Chapter 3-03
クロック回路を理解しよう

レッドストーンコンパレーターを使ったクロック回路のしくみを、もうすこし詳しく見ていこう。どのように信号が流れているかを知ることで、レッドストーン回路の理解がさらに深まるぞ。

レッドストーンコンパレーターの機能は、少しわかったような気がするんだけど、どうしてこれがオンとオフを繰り返す回路になるの？

それじゃ、クロック回路のしくみをくわしく見ていこうか。
まずは、減算モードにしたコンパレーターから3ブロック分レッドストーンをつなげて（3ブロックの理由はあとで説明するよ）、ドアを設置しておこう。この状態だと、信号はどのように流れるかな？

レッドストーンコンパレーターの減算モードの復習は63ページを参照。

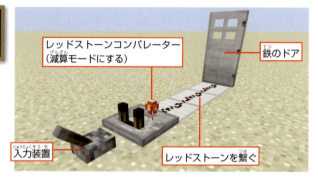

- レッドストーンコンパレーター（減算モードにする）
- 鉄のドア
- 入力装置
- レッドストーンを繋ぐ

コンパレーターは減算モードになっていて、横には何もないから、横からの信号の強さはゼロってことね。じゃあうしろの信号がそのまま出力されて、ドアが開く！

正解

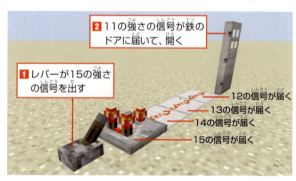

- **2** 11の強さの信号が鉄のドアに届いて、開く
- **1** レバーが15の強さの信号を出す
- 12の信号が届く
- 13の信号が届く
- 14の信号が届く
- 15の信号が届く

クロック回路を理解しよう ≫ Chapter 3-03

では、その信号を、こうつなげるとどうなるでしょう？

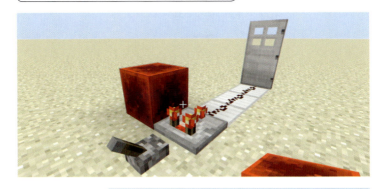

後ろからも、横からも15の強さの信号が入ってくるから、信号が出ない！

横から15の強さの信号が出る

後ろからの信号と横からの信号が同じなので、打ち消し合って、前方向への信号は流れない

後ろからの信号15の強さの信号が出る

正解。よくできたね。それでは、こうするとどうかな？

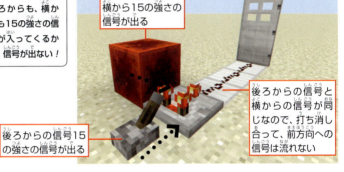

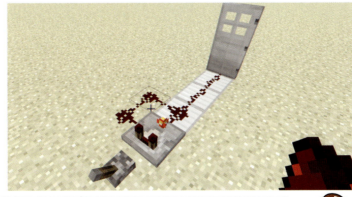

え？これ動くの？ここから出てきた信号が横に入ってきて、その差がここから……うーん、目が回ってきた……

67

実際に動かしてみよう。カチッ

うわぁ！すごい速さでドアが開け閉めしはじめたよ！

ガチャ ガチャ ガチャ！

ちょっと速くてわかりにくいから、時間を止めた図を使って解説するよ

① 最初の信号の流れ方

回路をつなげてすぐは、コンパレーターには、後ろから信号が入ってきているけれど、横からはなにも入っていない状態。なので、信号をそのまま出力する。信号は、二手に別れて、1つは真っすぐ進み、ドアを開ける。もう1つはコンパレーターの横につながるよ。

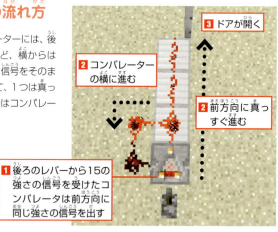

3 ドアが開く
2 コンパレーターの横に進む
2 前方向に真っすぐ進む
1 後ろのレバーから15の強さの信号を受けたコンパレータは前方向に同じ強さの信号を出す

② 出力した信号はどこへ行く？

コンパレーターの横につながったルートの信号は、レッドストーンを3ブロック分通過するから、コンパレーターに戻ってくる強さは12になる。後ろのトーチは15の強さだから、差し引いた3の強さをコンパレーターは前方向に出力するんだ。この信号でドアが閉まる。

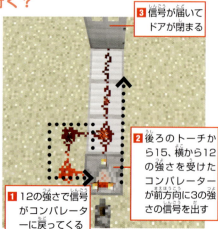

3 信号が届いてドアが閉まる
2 後ろのトーチから15、横から12の強さを受けたコンパレーターが前方向に3の強さの信号を出す
1 12の強さで信号がコンパレーターに戻ってくる

だから3ブロック先にあるドアが閉じるのね。ドアまでの距離を3ブロックにしたのも、そういう理由だったんだ！

クロック回路を理解しよう ≫ Chapter 3-03

③ そして再び……

②でコンパレーターから出力された3の強さの信号のうち、コンパレーターの横に戻ってくる方のルートは、3ブロック分のレッドストーンを通るので、信号の強さは0になってコンパレーターの横につながる。すると、横からの信号は0で、後ろにあるトーチは強さ15の信号になり、コンパレーターは前方向に15の信号をそのまま伝える。つまり①の状態に戻る。これを繰り返して、ドアがずっと開け閉めされる。

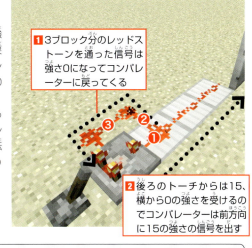

1 3ブロック分のレッドストーンを通った信号は強さ0になってコンパレーターに戻ってくる

2 後ろのトーチからは15、横から0の強さを受けるのでコンパレーターは前方向に15の強さの信号を出す

速くてわかりにくい場合は、リピーターを挟むとわかりやすいよ。リピーターを右クリックすると速度が変わるから、試してみよう

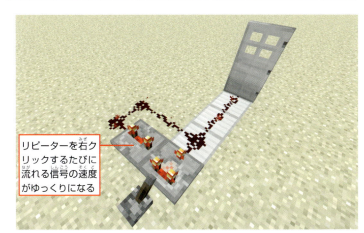

リピーターを右クリックするたびに流れる信号の速度がゆっくりになる

ゆっくりになったね！

リピーターは、信号を遅らせて伝えるから、ゆっくりになるんだよ。わかりやすくするために、リピーターを省いて解説したけれど、実際はこのとおりに作ると信号が速すぎて、使い物にならない。実際に回路を作るときには、上のようにリピーターを挟んで、信号を遅らせよう！

69

できた！ すげえだろ？

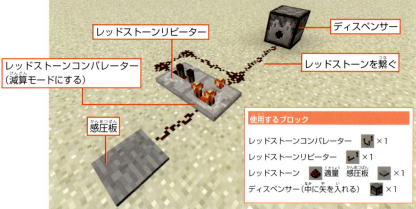

何作ったの？

このままモンスターが
ここを踏めば……
あ…！

あ～！

無残ね……

……

4時間目

ブロックの状態によって動きが変わる回路を作ってみよう

ブロックが置かれているかどうかだったり、チェストの中身によって動き方が変わる回路の作り方を学んでいくよ。ちょっと難しくなるけど、しっかり覚えよう！

Chapter 4-01

 回路自体が前進しつづける不思議な装置を作ろう

ブロックを押し出す「ピストン」や、他のブロックを接着することができる「粘着ピストン」をつかって、面白い装置を作ってみよう。

0時間目 レッドストーン回路を作る前に

1時間目 レッドストーンを"使わない"回路で学ぶ「回路の基本」

2時間目 レッドストーンで遠くへ信号を伝えよう

3時間目 繰り返し動く仕掛けを作ってみよう

 ビョーン、ビョーン、うほほーい！

 わぁ。面白そう

 どう？ クロック回路とピストンを使ってトランポリンを作ったんだ

使用するブロック

スライムブロック		×9
粘着ピストン		×1
レバー		×1
レッドストーンコンパレーター		×1
レッドストーンリピーター		×1
レッドストーン		適量

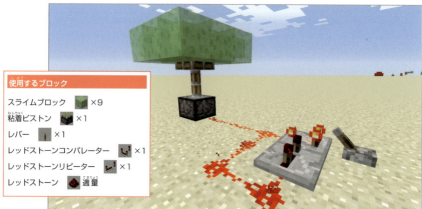

 上にくっついているのは、スライムブロック？

 そうだよ。スライムブロックを9個並べて置いたら、くっついたんだ。その下に粘着ピストンを置いてクロック回路で動かして上に乗ったら、トランポリンみたいにぽよーんって跳ね返してくるから面白いんだ〜！

なんだかおもしろそうだね

みてよ、このトランポリン。力作だぜ！ 赤石先生もあそぶ？

いや、遠慮しておくよ。でも、スライムブロックの特性によく気づいたね

え？ 特性？

（わからないで作ってたのか〜）じつはね、スライムブロックはとなりのブロックをくっつける性質があるんだよ

あっ、スライムブロックに木材を付けると、いっしょに動くよ！

そうなんだ。その性質を使って、もうちょっと面白い回路を作っていこう

どんどん前に進む装置を作ろう！

ピストンとスライムブロックの特性を使って、永久に前に進み続ける回路を作ってみよう。

ピストンとスライムブロックに、レッドストーンブロックを合わせると、もっと面白いことができるんだよ。ほら、この回路を見てごらん

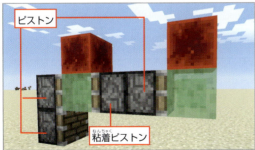

使用するブロック

ピストン	×3	粘着ピストン	×1
スライムブロック		×2	
レッドストーンブロック		×2	

なんだか、面白そうな形だけど、いったい何ができるの？

下のピストンを壊してごらん

はい！ ガジャン！

うわ！ ものすごい勢いで動き出した!!

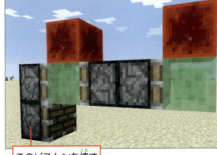

このピストンを壊す

0時間目 レッドストーン回路を作る前に

1時間目 レッドストーンを"使わない"回路で学ぶ「回路の基本」

2時間目 レッドストーンで遠くへ信号を伝えよう

3時間目 繰り返し動く仕掛けを作ってみよう

> どんどん前に進んでるね！

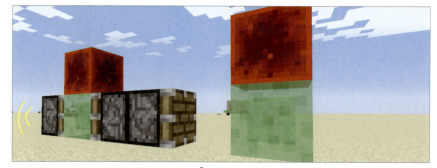

↓

どんどん前進する！

> まずは、左端の❶のピストンが伸びて、回路全体を押し出す。状態が変わったことを検知して、右側の❸ピストンも伸びはじめる

> どうして下のブロックが壊れると❶のピストンが動きはじめるの？

> ピストンには、斜め上にレッドストーンブロックやレバーなどの信号源となるブロックがあるときに付近のブロックの状態が変わると動き始めるという性質があるんだ

回路自体が前進しつづける不思議な装置を作ろう ≫ Chapter 4-01

え、そうなの？

じつは、Minecraftのバグなんだよ。でも、面白い仕組みだから正式な特性として残してあるんだ。このバグを利用した回路を「BUD回路」とも呼んでいるよ

び、びーゆーでぃ……。

信号源となる❹レッドストーンブロックが離れてしまったので、❶のピストンが縮んでしまう。すると、今度は❷粘着ピストンにレッドストーンブロックが近づくので――

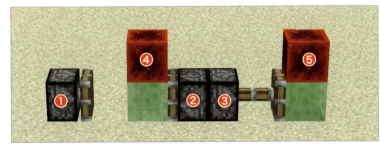

❷の粘着ピストンが伸びて、スライムブロックが❶のピストンにくっつく。すると今度は、❷の粘着ピストンと❹のレッドストーンブロックが離れてしまうので、❷の粘着ピストンが縮んで、スライムブロックを引き戻そうとする。そのときに、スライムブロックにくっついた❶のピストンもいっしょに戻ってくるというわけ

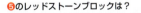

❺のレッドストーンブロックは？

回路全体のスピードが、この部分があることで調整されるんだ。今は、Minecraftの処理の順番を微調整するためにひつような「オマケ」として覚えておけばOKだよ

動きが複雑すぎて、混乱してきたよ～！

動きが複雑で難しいね。ただ、回路の設計自体は単純だから、ぜひ自分で作って動きを確認してほしい。この回路を動かしている「BUD回路」の仕組みは次のページから解説するよ

75

ピストンが動き続けるしくみを理解しよう

「レッドストーンブロック」「スライムブロック」「粘着ピストン」を使って、ブロックがどのように動いているのかをもうすこし詳しく見てみよう。

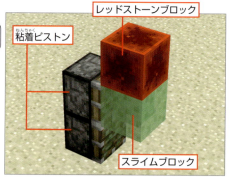

では、こんな回路を作ってみて

レッドストーンブロックと粘着ピストン、そしてスライムブロックね

そうだね。よく見たら、74ページの回路の真ん中にあたる部分と同じなのがわかるね。では、下にある粘着ピストンを壊してみよう！

クロック回路（66ページ参照）みたいに伸びたり縮んだりを繰り返してるね

この回路は、BUD回路のしくみを表しているんだ。BUD回路は、斜めの位置にレッドストーンブロックがあるときに、信号を受けるんだったね。スライムブロックの上にあるレッドストーンの力が、粘着ピストンに届いたり届かなかったりすることを繰り返すことで、クロック回路のように繰り返し動くんだ

ピストンが縮んでいるとき

レッドストーンブロックの信号がピストンに届き、伸びようとする。

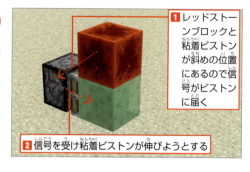

1 レッドストーンブロックと粘着ピストンが斜めの位置にあるので信号がピストンに届く

2 信号を受け粘着ピストンが伸びようとする

ピストンが伸びているとき

ピストンが伸びきってしまうと、レッドストーンブロックの信号がピストン本体に届かず縮もうとする。

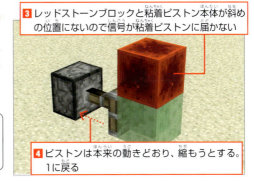

3 レッドストーンブロックと粘着ピストン本体が斜めの位置にないので信号が粘着ピストンに届かない

4 ピストンは本来の動きどおり、縮もうとする。1に戻る

この繰り返しで、ずっと伸びたり縮んだりが繰り返されるんだ

BUD回路の発生条件

BUD回路は「Block（ブロックの）Update（状態を）Detector（検知する）」の頭文字を取ったもの。

BUD回路は、「ブロックの状態が変わると変化する」という仕組みなんだよ。
右の状態のときには、❶の粘着ピストンと❸のレッドストーンが斜めの位置にあっても、動かない。斜めの位置のレッドストーンの信号を受ける条件は、信号を受けるブロックの近くのブロックの状態が変わることなんだよ。つまり、❶が斜め上の❸からの信号を受ける条件は、❶の近くのブロックの状態を変えること。❷の粘着ピストンを壊すことで動き出すよ

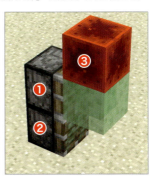

たったこれだけの回路でも、こんなことができるんだね！

さっきの勝手に動く回路は、ちょうど中央にこの回路が入っているんだ。前後にも似たような感じでピストンがついているけれど、これは前進させるためのもの。前にブロックを押し出して、スライムブロックが押し出された分だけ前に進むんだ

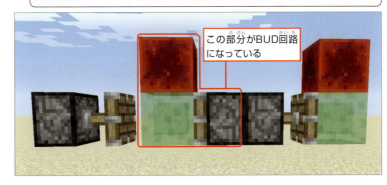

この部分がBUD回路になっている

Chapter 4-02
レッドストーントーチとピストンを組み合わせた水抜き装置を作ろう

レッドストーントーチとピストンを使った、「周囲を砂で埋め尽くす回路」を作ってみよう。ピストンでは、最大12ブロックを押し出すことができるが、砂なら押し出されたあと下に沈んでくれる。埋まったあとに砂を掘りなおせば、水がなくなるというわけだ。

 こうやって自動でピストンを動かして…

 また何やってるの？

 ピストンが縮んだタイミングでピストンの前に砂を置いてやると、どんどん押し出しておもしろいなぁと思って。砂の壁だって作れるんだぜ！

 ふむ。砂とレッドストーン回路をうまく使えば、水抜き装置を作れそうだね

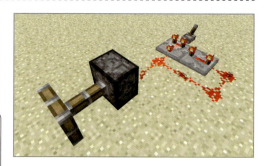

COLUMN 川や海で行う「水抜き」とは

水の底にあるブロックを採取したいときには「水抜き」をしよう。
まず、落下する特性のある砂や砂利ブロックで水流を埋めて、中央を掘っていくと海底の地面まで到達できる。水との間にあるブロックを壊すと水びたしになるので、気をつけること。水の中に建物を建てたいときは、水抜きをしてから、砂ブロックの内側に建設する。
終わったらブロックを崩し、水を入れる。

1 水の中に砂ブロックをしきつめる → **2** 中を掘る

簡単に水抜きができたら、海底遺跡の発掘なんかにも役立ちそうね！

でも、ピストンが縮んだときを見計らって砂を置いていくのは、タイミングが難しいんだ

それなら、レッドストーントーチを使って水抜き装置を作ってみようか

ブロックが置かれたときだけ動く回路を作ろう

ピストンの前に砂を置くと、それにあわせてピストンで押し出すしくみを考えよう。ピストンの前にブロックが置かれたことを調べるために、レッドストーントーチを使うのだ。

場所を海の近くに変えてみて、砂浜にこんな回路を作ってみよう。ピストン、レッドストーントーチ、レッドストーンでできるよ

縦書き（ページ左端）：
- 0時間目　レッドストーン回路を作る前に
- 1時間目　レッドストーンを"使わない"回路で学ぶ「回路の基本」
- 2時間目　レッドストーンで遠くへ信号を伝えよう
- 3時間目　繰り返し動く仕掛けを作ってみよう

「できました！」

「では、レッドストーントーチの上に、砂を置こう」

ここに砂を置く

ピストンが動いて砂を1ブロック分押し出した

ズズズ…

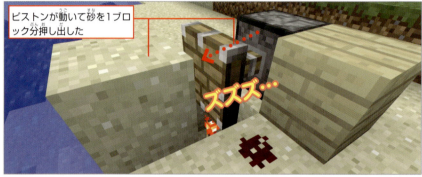

「わっ！動いた！」

「砂を押し出した後は、ピストンが縮むから、またレッドストーントーチの上に砂を置いてみよう。どんどん置くと、砂が次々と押し出されるんだよ」

❶ ピストンが縮む

❷ レッドストーントーチの上に砂を置く

＋

❸ 砂が押し出される

え、どうなってんの？

 じつは、このレッドストーントーチに秘密があるんだ。しくみをよくわかるようにするために、レッドストーントーチを何もないところに置いてみようか。

 置いたよ、先生。

じゃあ、この上にレッドストーンランプを置くとどうなるかな？

 レッドストーントーチが信号を伝えるから、光るんじゃないかな？

 そのとおり。こんな感じになるね

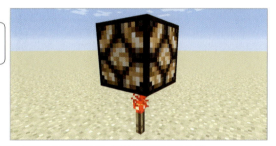

 では、このとなりに、さらにレッドストーンランプをつなげるとどうなる？

 これは、49ページで学んだわ。トーチの上にあるランプはトーチの性質になるから、ランプ自体が信号を発信する！ だから両隣も光る！

 正解！ よく覚えてたね。レッドストーントーチには、上に置いたブロックを信号源に変える役割があるんだったね

では、この状態でトーチの上にあるランプを壊すと……

両端のランプが消える！

② 両端のレッドストーンランプの光が消える

① レッドストーンランプを壊す

正解。では、さきほどの回路に戻ってみよう。わかりやすくするために、ピストンの隣のブロックをランプに置き換えてみたよ。この状態では、レッドストーントーチから見て、斜め上にあるピストン、レッドストーンには、信号が伝わらない

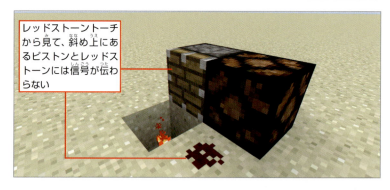

レッドストーントーチから見て、斜め上にあるピストンとレッドストーンには信号が伝わらない

このまま、ピストンの前に砂を置いてみよう

うんうん

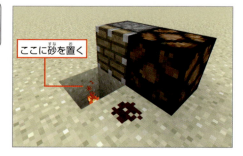

ここに砂を置く

> ピストンが伸びて砂を押し出したわ。トーチの上に乗せた砂が信号源に変わって、横のピストンに信号が届いて動いたのね！

> いいや。これは、トーチの上に乗せた砂が信号源になり、レッドストーンに信号が伝わる。そして、ランプを経由してピストンに信号が届いてピストンが動くんだ。そして、ピストンが砂を押し出したら、信号が無くなってピストンは縮むんだね

1 トーチの上に砂を置くと、砂の性質が変わり信号源になる
2 レッドストーンに信号が伝わる
3 レッドストーンに隣接するブロックが、信号を伝える性質に変わり、ピストンに信号を伝える
4 ピストンに信号が伝わり砂を押し出す

> でもなんで？ レッドストーンとランプを通る必要ないじゃん。信号源の砂のすぐ横にピストンがあるんだから、この2つは無くてもいいよね？

> 今日はなかなか鋭いね。いいところに気が付いた

> ま、まぁそれほどでも

> （嬉しそうね…）

83

じつは、ピストンの前面は、信号を受けないようになっているんだ。その証拠にこうすると……

あ！動かない！

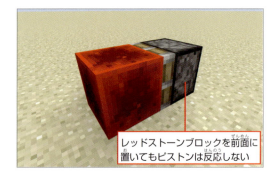

レッドストーンブロックを前面に置いてもピストンは反応しない

ピストンとレッドストーンの関係は、まだまだ奥が深いんだ。だから面白いんだよ

レッドストーンで水抜き装置を作ってみよう

さきほど解説した回路では、一列にしか押し出せない。広い海の水抜きをするためには一度たくさんの砂を押し出す回路が必要だ。下の図をよく見て、同じ回路を作ってみよう。ここでは、10ブロック×10ブロック分の水抜きをする装置を作っている。ちなみに、1つのピストンが押し出せる最大のブロック数は12個だ。

レッドストーントーチ（1ブロック掘ったところに置く）

レッドストーンを並べていく

レッドストーンリピーター

レッドストーン

木材

ピストン

ピストン

レッドストーントーチ（1ブロック掘ったところに置く）

使用するブロック

レッドストーントーチ	×2
ピストン	×11
レッドストーンリピーター	×10
レッドストーン	×適量
木材	×適量

できたら回路を動かしてみよう！

1 ピストンの前に砂を置き、ピストンで砂を押し出す

手前にあるピストンの前に砂を置こう。一列まで砂でいっぱいになると、端のトーチが砂を検出して、レッドストーンを通ってピストン群に信号が伝わる。すると、砂が一列前に押し出される。

4 ピストン群に信号が届く
5 砂が一列前に押し出される
3 このレッドストーントーチの上まで砂が来ると、砂に信号が伝わり、後ろのレッドストーンに信号が行く
2 砂が次々に押し出される
1 レッドストーントーチの上に砂を置く

2 同じ動作を繰り返す

次々に砂を置いていくと、最大12×12マスの範囲まで砂で満たすことができる。

一番端まで砂が埋まると、端のレッドストーントーチが検知して、一列ごと前に砂を押し出すというしくみだね。ただし、ひとつのピストンが押し出せるブロックは最大12個までなので、それ以上押し出そうとすると、動かなくなってしまう。回路はそれ以内の大きさにしよう。12×12マスの広さの水抜きをひとつの回路ですませられるのは便利だね！

Chapter 4-03

 チェストにアイテムを入れたら開くトビラを作る

チェストの中身を調べて、レッドストーン信号を流す回路を作るよ。チェストとレッドストーンコンパレーターがあれば、意外と簡単にできちゃうんだ！

ここで待ってろって言われたけど……赤石先生、遅いね

そりゃあ遅刻くらいするさ。人間だもの。ん？

なんか書いてあるよ。「ココニ アイテムヲ イレテミヨ」

なにか秘密があるのかな

なんか怪しいな

0時間目 レッドストーン回路を作る前に

1時間目 レッドストーンを"使わない"回路で学ぶ「回路の基本」

2時間目 レッドストーンで遠くへ信号を伝えよう

3時間目 繰り返し動く仕掛けを作ってみよう

86

チェストにアイテムを入れたら開くトビラを作る » Chapter 4-03

よし。じゃあ右クリックして…。と…

レッドストーンを入れてみよう！

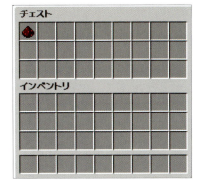

おはよう！ガシャン！

えっ！そんなところが開くの!?

このチェストはね、中にアイテムが入っているかどうかを調べることができるんだ。チェストの裏側を見てごらん

あっ、レッドストーンコンパレーターがくっついている

ここに秘密があるんだ。
コンパレーターの機能は覚えているかな？

> レッドストーンコンパレーターの減算モードの復習は63ページを参照。比較モードは62ページを参照。

えっと、なんだっけ？？ 減算なんとかと……

減算モードと、比較モードね。2つの信号の強さを比較してどちらかを優先したり、強さを打ち消したりするんだね。

そうそう。それにもう一つ、重大な機能が隠されているんだ。それが……

チェストの中身を調べることができる!?

そのとおり。厳密にいえば、チェストの中にしまったブロックやアイテムの数に応じて、信号を出したり、出さなかったりといったことができるんだ

チェストから信号を出すしくみを作る

チェストとレッドストーンコンパレーター、そしてレッドストーンランプをつなげて、信号のしくみを見てみよう。

1 コンパレーターとチェストを使った回路を作る

図のようにチェストとレッドストーンコンパレーター、レッドストーン、レッドストーンランプをつなげてみよう。

使用するブロック		
レッドストーンコンパレーター		×1
レッドストーンランプ	×1	
レッドストーン ×1 チェスト ×1		

2 チェストの中にアイテムを入れる

チェストの中に、アイテムやブロックを入れると、レッドストーンランプが光る。

1 チェストの中にアイテムを入れる
2 信号が出てランプが光る

中に入れるアイテムは、なんでもいいの？

うん、なんでもオーケーだよ！

なるほど。この回路が、86ページのアイテムを扉のカギ代わりにする隠し扉のしかけになっているんだな。この回路は他にはどんな時に使うの？

応用することで、ほかにもいろいろな仕掛けを作ることができるよ。チェストをかまどに変えたり、額縁にしたり……。これについては後で説明するね（94ページ参照）。でも、まずは、もう少し、レッドストーンコンパレーターとチェストとつなげたときの機能を見てみることにしようか

信号が届く範囲は短い

レッドストーンコンパレーターが出力する信号は、とても弱く、短い距離にしか届けられない。そのため、回路に工夫が必要だ。

先生、この回路を作ってみたけど…うまくいかない……。なんで？

これは、コンパレーターとレッドストーンランプとの距離に問題があるね

距離？

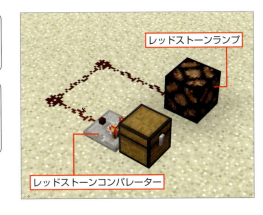

レッドストーンランプ
レッドストーンコンパレーター

> チェストの中にいれたブロックの数によって、出力する信号の強さが違うんだ。たとえば、左の状態だと、アイテムを1つ入れたら光るけれど、右のような回路だと、124個以上入れないと光らない

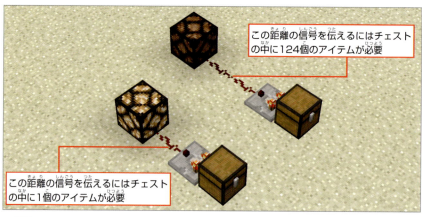

この距離の信号を伝えるにはチェストの中に124個のアイテムが必要

この距離の信号を伝えるにはチェストの中に1個のアイテムが必要

> 信号を遠くに伝えるためには、1マス長くするごとに124個のアイテムが必要になってしまうんだ。それだけ、アイテム1つ分の信号は弱いものだといえるね。それに、アイテムの種類によって信号の強さが変わることもないんだ

> じゃあ、レッドストーンを長く伸ばしていくと、たくさんアイテム入れなきゃいけなくなるってことか

> 何か解決する方法を38ページで習ったはずだよ

> あ！リピーターね！こうすれば…

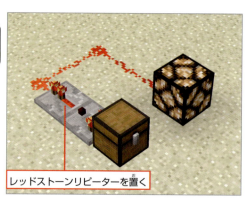

レッドストーンリピーターを置く

> その通り！　コンパレーターの後ろにすぐリピーターをつなげれば、弱い信号でも遠くへ伝えることができるよね。あとは、ドアまで回路をつなげればいい

 これでチェストを鍵にした隠し扉の完成だよ。チェストのうしろに石ブロックを置いても同じように動くよ

 でも…これじゃあ、いかにも「この中にアイテムを入れてください」って感じよね。もう少し、わからない感じのしかけにしたいなぁ

 なるほど。そんなときは、ホッパーを使うといいよ

 ホッパー？

アイテムを捨てると開く隠し扉を作ろう！

 じゃあ、最後にホッパーを使って、アイテムを捨てると扉が開く、隠し扉を作ってみようか。さっきのチェストと基本的な仕組みは同じだけど、「ホッパー」を使ってアイテムを回収することで、どうやって扉が開くかをわかりにくくできる。ホッパーは、ハーフブロックの下に隠しても、その上にアイテムを落とせばホッパーの中に入れることができるんだ

1 チェストの代わりにホッパーを置こう

ホッパーとコンパレーター、リピーターをつないで、レッドストーンランプの下にあるブロックまでつなげる。

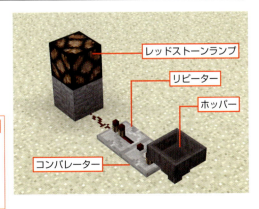

使用するブロック		
レッドストーンコンパレーター ×1		
レッドストーンリピーター ×1		
レッドストーンランプ ×1		
レッドストーン ×1 ホッパー ×1		

2 ハーフブロックでホッパーを隠す

ハーフブロックをホッパーの上に置く。このハーフブロックに合わせるように一面にハーフブロックを敷き詰める。

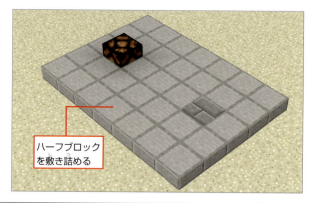

ハーフブロックを敷き詰める

横から見たらこんな感じになるよ

CHECK ホッパーの上にハーフブロック

ここでは、アイテムを落とす場所をわかりやすくするために、ホッパーの上にあるブロックだけ種類を変えているよ。こうすれば、どこにアイテムを落とせばホッパーが回収できるか、わかるよね。

じゃ、アイテムを色の違うブロックの上に捨ててみてごらん？

えっと、「Q」キーで捨てられるんだっけ。わっ！これどうなってんだ?!

2 ランプが光った！

1 ハーフブロックの上にアイテムを捨てると…

チェストにアイテムを入れたら開くトビラを作る ≫ Chapter 4-03

ホッパーって、上に乗っているアイテムを回収できるブロックなんでしょ？これだと、ホッパーの上にはハーフブロックがあることになってるよね？

じつは、ホッパーは、ひとつ上にあるブロックがハーフブロックなら、そのブロックの上に乗ったアイテムも回収することができるんだ。この特性を使えば、地面に乗ったアイテムを回収しつつ、レッドストーン信号を送ることができる。ちなみに、ハーフブロックの代わりに耕された土でも回収できるよ。

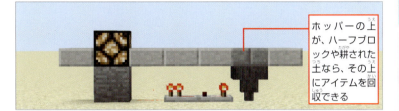

ホッパーの上が、ハーフブロックや耕された土なら、その上に乗ったアイテムを回収できる

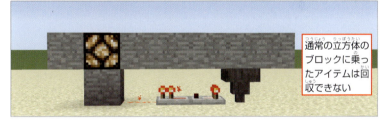

通常の立方体のブロックに乗ったアイテムは回収できない

あとは、レッドストーンランプの代わりに、鉄のドアなどを設置してしまえば、「アイテムを捨てると開く隠し扉」の完成だよ

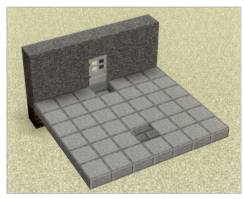

なるほど〜

ちなみに、ホッパーの代わりに「ホッパー付きトロッコ」を使えば、通常の立方体ブロックの上のアイテムも回収できるから覚えておこうね

93

額縁を使ってダイヤルキーを作ろう

 さらにもう一工夫！ コンパレーターはチェストやホッパーだけでなく、額縁の状態も調べることができるんだ。これを見てごらん？

 この額縁、見るからに怪しいね

 右クリックで、額縁の中にあるダイヤの剣を時計回りに回転させることができるよ

 カチカチ……、ガチャッ！

 ドアが開いた！

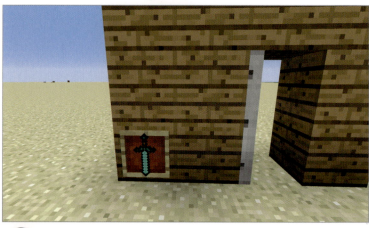

  かっこいい——！

チェストにアイテムを入れたら開くトビラを作る » Chapter 4-03

どういう仕組みかしら

あれっ、この額縁のウラに、コンパレーターが付いてる

そう。チェストの代わりに額縁付きのブロックを置くことで、額縁に飾られたアイテムの向きに応じた信号をこのコンパレーターが出すんだ

あとは、ドアまでレッドストーンをつなげていけばいいってわけね

そう。それだけで、ダイヤルキーを作ることができるよ

COLUMN 額縁の角度を指定する

さらに、裏側にこんな回路を用意すれば、金の剣の向きを変えることで、表のダイヤの剣で開く方向を変えられるんだ。みんなも試してみよう！

95

COLUMN 練習問題

信号の伝わりかたや回路についてわかってきたかな？ 自信がついたら、下の問題に挑戦してみよう！ これまでしっかりと覚えてきたキミなら、カンタンに解けるはずだ。実際に回路を作りながら考えてみてね！

問題 ❶

つぎの回路のうち、レバーをオフにするとランプが光るのはどっち？

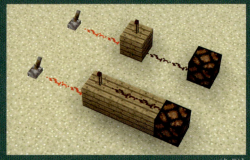

答え➡下の回路

問題 ❷

上にあるレバーを倒すと、レッドストーンランプはどのようになる？

答え➡点滅する

問題 ❸

ピストンを動かすには、どのブロックを壊せばいい？

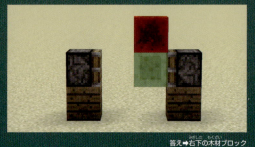

答え➡右下の木材ブロック

5時間目

ついに実践！
赤石回路を作ってみよう

> それでは、これまでに学んだことをいかして、レッドストーン回路を作ってみよう！ ちょっと難しいけど、組立図どおりに作っていけば大丈夫！

Chapter 5-01

どっちが正解!?
宝箱に行くための隠し階段

宝探しや謎解きゲームをMinecraftの中で作るときに便利な、「隠し階段」をレッドストーン回路で作ってみよう！ちょっと複雑だけど、図をよく見て、手順通りに作っていこう！

 見てごらん？ ここには、ちょっとした秘密が隠されているよ

 あ！ 宝箱がある！

 上にも宝箱があるね。でもこっちは届かない…

 右側にレバーがあるよ。カチッ

届かないところに宝箱がある

壁にレバーがある

3 宝箱をGET！

1 壁のレバーを下ろすと…

2 階段が現れた！

 おおおおお！ 階段が出てきたよ！？

 この回路は、隠し階段を出すものなんだよ。レバーを倒すことで、左右のピストンに信号を伝えて、階段ブロックを出すようになっているんだ。自動ドアの応用になっているから、52ページでつくった回路と見比べながら作るのもいいね

98

隠し階段の回路を作ろう！

回路完成図！

これが回路の全体像。レバーと粘着ピストン、レッドストーンリピーターを使った簡単な仕掛けなんだ

1 石レンガを10個並べる

「石レンガ」を横に10マス並べる。

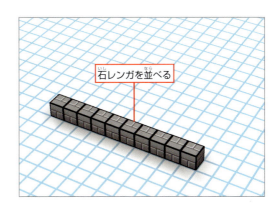

石レンガを並べる

2 補助ブロックを設置する

補助ブロックを図のように5段、階段状に並べる。

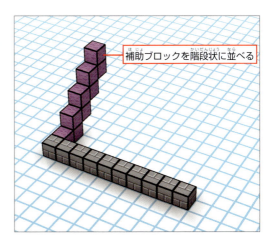

補助ブロックを階段状に並べる

3 石レンガを補助ブロックの上に並べる

先ほどの補助ブロックの上に1つずつ「石レンガ」を並べていく。

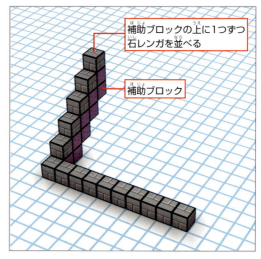

補助ブロックの上に1つずつ石レンガを並べる

補助ブロック

補助ブロックは、石レンガを設置しやすくするためのもの。あとで壊すから、どんなブロックでもいいよ

4 補助ブロックを壊す

ここで手順 2 で並べた補助ブロックは壊しておく。

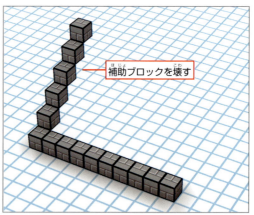

補助ブロックを壊す

5 反対側も同じく階段を作る

反対側でも手順 2 〜 4 と同じ事をする。補助ブロックを並べた後「石レンガ」を置き、補助ブロックは壊しておく。

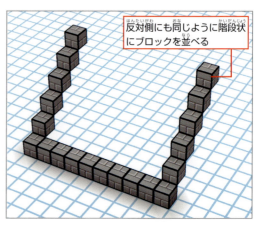

反対側にも同じように階段状にブロックを並べる

6 石レンガを置く

上から4段目まで、内側に2マスずつ「石レンガ」を並べていく。

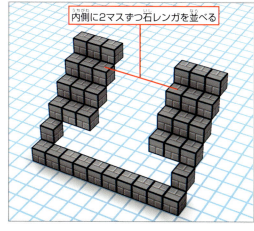

内側に2マスずつ石レンガを並べる

7 石レンガで左右をつなげる

上から4段目を左右つなげるように、「石レンガ」を並べる。

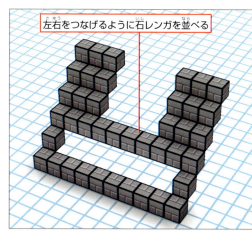

左右をつなげるように石レンガを並べる

8 レッドストーンをつなげる

両端と1番下の段に「レッドストーン」を置いていく。

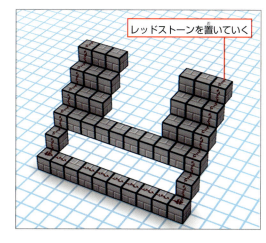

レッドストーンを置いていく

9 レッドストーンリピーターを置く

図の位置には「レッドストーンリピーター」を置く。

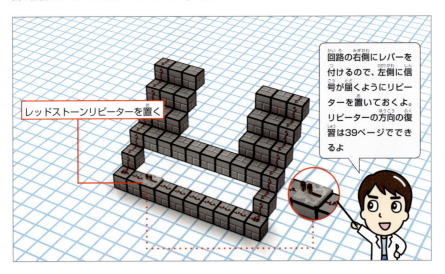

10 さらにレッドストーンリピーターを置く

さらに階段状に並んだ部分にも「レッドストーンリピーター」を置いていく。

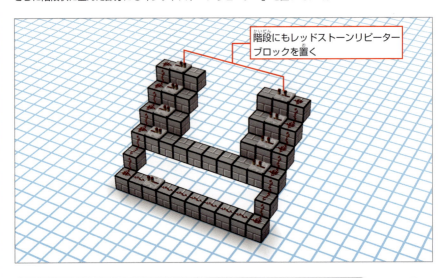

このリピーターは、あとで置く粘着ピストンにまっすぐ信号を伝えるためのもの。リピーターの代わりにレッドストーンを置こうとすると、曲がってつながってしまってうまく動かなくなるんだ

11 粘着ピストンを設置する

手順 10 で並べた「レッドストーンリピーター」の内側に「粘着ピストン」を図の向きに並べていく。

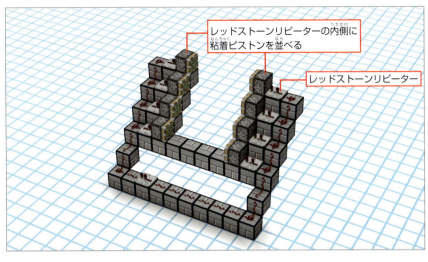

> レッドストーンリピーターの内側に
> 粘着ピストンを並べる

> レッドストーンリピーター

粘着ピストンの向きに注意して設置しよう！ 図を良く見て、同じように置こうね。
粘着ピストンの特性は30ページで確認できるよ

12 石レンガの階段を置く

「粘着ピストン」の内側に「石レンガの階段」を階段状に並べていく。

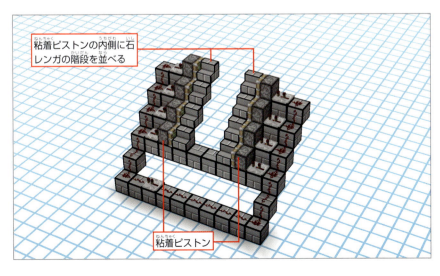

> 粘着ピストンの内側に石
> レンガの階段を並べる

> 粘着ピストン

13 石レンガを置く

下から3段目の高さの位置に横6マス×奥行き2マス分の「石レンガ」を並べる。

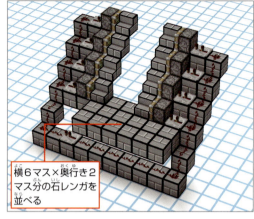

横6マス×奥行き2マス分の石レンガを並べる

14 さらに石レンガを置く

手順 13 で並べた「石レンガ」の上に2つ「石レンガ」を置く。

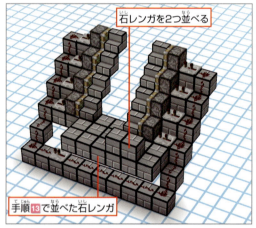

石レンガを2つ並べる

手順 13 で並べた石レンガ

15 レッドストーンをつなげる

先ほど並べた「石レンガ」にも「レッドストーン」を設置し、回路をつないでいく。

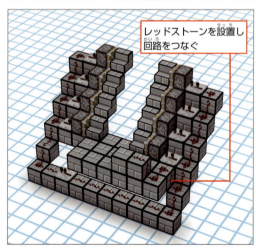

レッドストーンを設置し回路をつなぐ

16 レバーを設置する

「石レンガ」を1つ置き、内側に「レバー」を設置する。

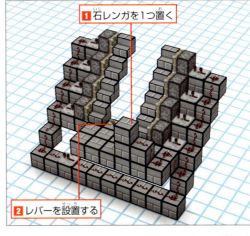

1 石レンガを1つ置く

2 レバーを設置する

17 石レンガで隙間を埋める

真ん中の隙間に横2マス×奥行き6マス分の「石レンガ」を並べる。

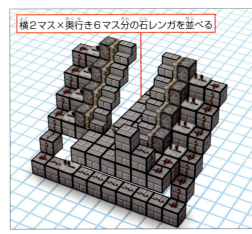

横2マス×奥行き6マス分の石レンガを並べる

18 チェストを設置する

真ん中の隙間を埋めた一番奥に横2マス×高さ3マスの「石レンガ」、手前に「チェスト」を横に2つ置く。天井部分も図のように「石レンガ」と「チェスト」を設置する。

上のチェストには何を入れようかなぁ

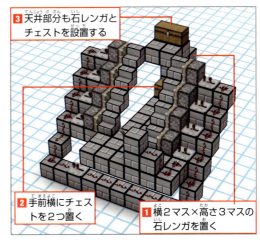

3 天井部分も石レンガとチェストを設置する

2 手前横にチェストを2つ置く

1 横2マス×高さ3マスの石レンガを置く

19 チェストを石レンガで囲む

チェストの側面を「石レンガ」で囲み、完成。

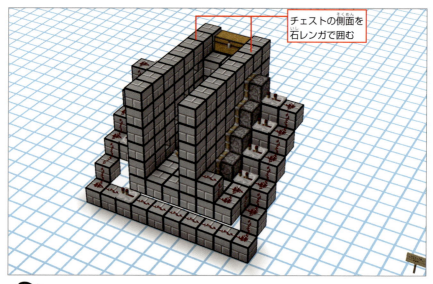

チェストの側面を
石レンガで囲む

これで完成！できたぜ〜！

COLUMN この回路でのポイント

☑ レバーの位置から、遠くにあるピストンまで信号を伝えるように、リピーターを効果的に配置しているよ。

☑ レッドストーンは隣に置くと勝手につながってしまう。粘着ピストンへうまく信号を伝えるために、リピーターで方向を指定しているよ。

☑ 階段状に設置したブロックへレッドストーンを敷いていくと、1段ずつ信号を伝えられるよ。

信号を1方向に揃えたり、距離を延ばすためのリピーターの効果的な使い方をマスターできる回路なんだ

これまで学んだことがたくさん出てきたね！

Chapter 5-02
溶岩にまっさかさま！石レンガの落とし穴

しかけのある迷路などに応用できる、落とし穴の回路を作ってみよう。感圧板を踏むと、しばらくのあいだ床が開いて溶岩への落とし穴になるんだ！

さあ、次の回路はこれだよ！

こんどは、通路か。ダッシュでいくぜ！ダダダダダ！

ちょ！感圧板のしかけがあるよ！！

うわぁぁぁぁ！

丸焦げね……

感圧板を踏むと、左右に床が開く落とし穴だよ。こちらも、自動ドアにちょっと近いけれど、横に並んだ粘着ピストンに信号を伝えるよう、ちょっと回路を変えているよ。このまま伸ばしてジャンプで届かないようにしちゃえば、一方通行の道も作れるね

落とし穴の回路を作ろう！

これが回路の全体像。自動ドアとは違って、粘着ピストンが横に並んでいるよ

0時間目 レッドストーン回路を作る前に

1時間目 レッドストーンを"使わない"回路で学ぶ「回路の基本」

2時間目 レッドストーンで遠くへ信号を伝えよう

3時間目 繰り返し動く仕掛けを作ってみよう

回路完成図！

1 石レンガで正方形を作る

「石レンガ」を縦横4マスの正方形の形に並べる。

石レンガを正方形の形に並べる

2 溶岩を流し込む

正方形の中心部分に「溶岩入りバケツ」4杯分、溶岩を注ぐ。

溶岩入りバケツ4杯分の溶岩を注ぐ

3 石レンガを2段にする

手順 1 で設置した「石レンガ」を1段高くする。

石レンガを1段高くする

108

4 石レンガを指定の場所に乗せる

図の位置をもう1段高くする。

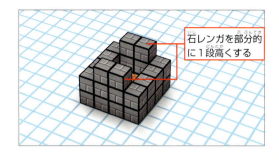

石レンガを部分的に1段高くする

5 石レンガを高くする

図のように下4マス、上2マスの「石レンガ」を設置する。

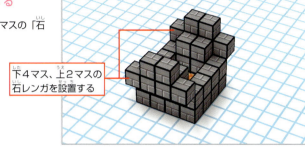

下4マス、上2マスの石レンガを設置する

6 レッドストーンをつなげる

次に「石レンガ」の上に「レッドストーン」を並べ、回路を設置していく。

レッドストーンを並べて回路を設置していく

7 石レンガをL字型に設置する

左右に横3マス奥行き2マス分「石レンガ」をL字型に設置する。

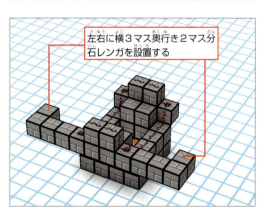

左右に横3マス奥行き2マス分石レンガを設置する

109

8 石レンガを置く

外側から3マス目に「石レンガ」を1つずつ置く。

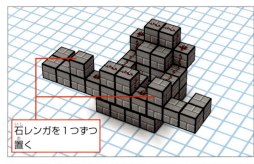

石レンガを1つずつ置く

9 補助ブロックを置く

補助ブロックを図の位置に左右1つずつ置く。

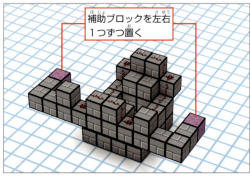

補助ブロックを左右1つずつ置く

10 石レンガを補助ブロックの上に置く

補助ブロックの上とその奥に1マス、「石レンガ」を置く。

この石レンガが、落とし穴を開閉するためのしくみにつながる、レッドストーンの道筋になるよ

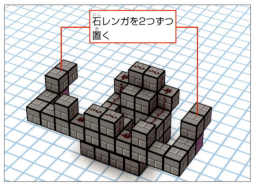

石レンガを2つずつ置く

11 補助ブロックを壊す

手順 9 で設置した補助ブロックを壊しておく。

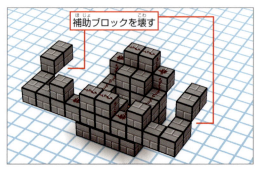

補助ブロックを壊す

12 レッドストーンをつなげる

手順 8 で設置した「石レンガ」に「レッドストーン」を置いて回路をつなげていく。

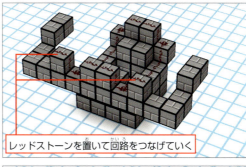

レッドストーンを置いて回路をつなげていく

13 レッドストーントーチを設置する

手順 8 で設置した「石レンガ」の外側に「レッドストーントーチ」を設置する。

このレッドストーントーチは、信号を反転させるために使うんだ

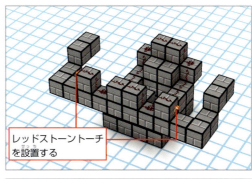

レッドストーントーチを設置する

14 石レンガにもレッドストーンをつなげる

両サイドの「石レンガ」にも「レッドストーン」を設置する。

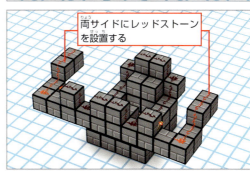

両サイドにレッドストーンを設置する

15 ボタンをつける

中央の「石レンガ」に「ボタン」を2つ取り付ける。

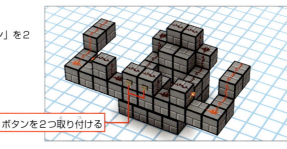

ボタンを2つ取り付ける

このボタンは、あとで回路がちゃんと動くかテストするためのもの。動作チェックができたら、壊してしまうものだから、木と石どちらのボタンでもOKだよ！

111

16 内側に石レンガを置く

階段状の両サイドの「石レンガ」部分の内側に奥行き2マス分「石レンガ」を設置する。

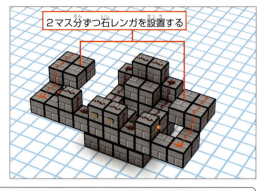

2マス分ずつ石レンガを設置する

ピストンに信号をまっすぐ伝えるためのリピーターを置きたいね。この石レンガは、そのためのスペースになるよ

17 レッドストーンリピーターを設置する

手順16で設置した「石レンガ」の上に「レッドストーンリピーター」を配置する。

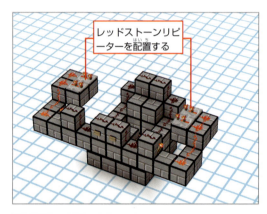

レッドストーンリピーターを配置する

18 粘着ピストンを置く

図の位置に「粘着ピストン」を左右4つずつ設置する。

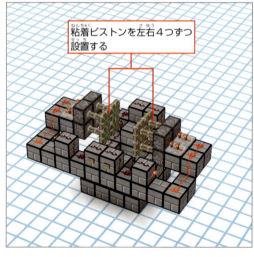

粘着ピストンを左右4つずつ設置する

19 レッドストーントーチを取り付ける

前後の「石レンガ」の内側に2つずつ「レッドストーントーチ」を取り付ける。

ここから、回路へひと工夫を加えていくよ。
さらに粘着ピストンを付けて、カッコよく動く回路にしていくんだ

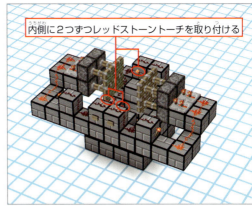

内側に2つずつレッドストーントーチを取り付ける

20 粘着ピストンを置く

中央部分に「粘着ピストン」を4つ設置する。

粘着ピストンの向きに気を付けてね

粘着ピストンを4つ設置する

21 粘着ピストンの上に石レンガを置く

先ほど設置した「粘着ピストン」の上に4つ「石レンガ」を設置する。

粘着ピストンの上に石レンガを4つ設置する

ここまでできたら、ボタンを押して動作をチェックしてみよう。上に置いた石レンガが下に引っ込んで、左右に分かれるような動きになればOKだよ

本では伝えられないけど、カッコよく動くぜ！

22 ボタンを取る

手前に取り付けた「ボタン」を取り外す。

問題なく動いたら、ボタンは壊してしまってかまわないよ

2つのボタンを取り外す

23 石の感圧板を置く

手前に「石レンガ」と「石の感圧板」を設置する。

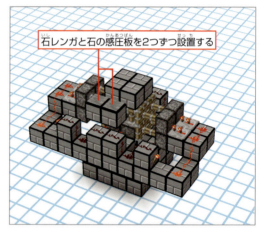

石レンガと石の感圧板を2つずつ設置する

24 石レンガを置く

手順23のブロックの前後に奥行き8マス、横2マスになるよう「石レンガ」を並べていく。

図をよく見て、ズレないように置こうね

手順23のブロックの前後に奥行き8マス、横2マスの石レンガを並べる

25 さらに石レンガを置く

手順24の「石レンガ」の両サイドにも「石レンガ」を並べる。

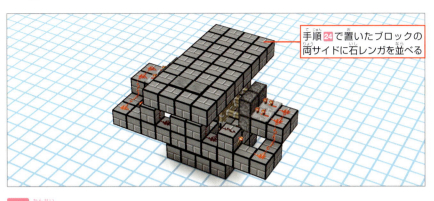

手順24で置いたブロックの両サイドに石レンガを並べる

26 完成

両サイドに設置した「石レンガ」にさらに2段「石レンガ」を積み上げる。

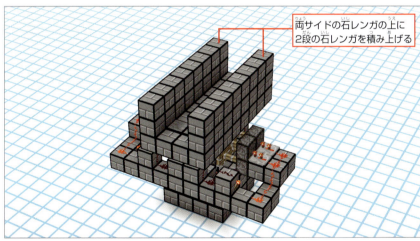

両サイドの石レンガの上に2段の石レンガを積み上げる

やっと完成ね！

COLUMN この回路でのポイント

- ☑ 自動ドアのときの回路と似ている、感圧板を使った仕掛け。
- ☑ 粘着ピストンの動きを反転させるために、レッドストーントーチを使っているよ。
- ☑ 粘着ピストンに粘着ピストンをくっつけて、かっこよく動くようにしているよ。

Chapter 5-03
開くと連続で花火が打ちあがる特別なチェスト

宝箱を開くと同時に、左右のディスペンサーから花火が打ちあがるよ！マイクラで迷路を作ったときに、この回路をゴールなどに用意すれば盛り上がるかも!?

この宝箱にもなにか仕掛けが？

まぁ、あけてみてごらん

1 宝箱を開くと…

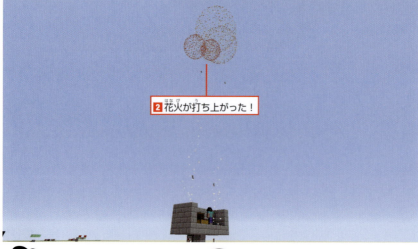

2 花火が打ち上がった！

うぉ！花火が上がった!!

きれいね〜

ここでは、ボタンに矢を打ち込むことでずっとオンの状態にするという、ちょっと変わった信号の伝え方をしているんだよ。マイクラでは上から下へと信号を伝える回路はなかなか作れないんだけど、この仕組みを使って下に信号を伝えているんだよ。まずは実践！ つくってみよう！

隠し階段の回路を作ろう！

回路完成図！

 宝箱のななめうしろに隠されている、矢の入ったディスペンサーとボタンがこの回路のポイント。隠れた場所に配置されて、プレイヤーには見えなくなっているよ

1 ボタンを置く

「ボタン」を1つ配置する。

 なんでボタンなんだ？

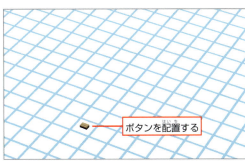

ボタンを配置する

 あとから、ディスペンサーでここへ矢を打ち込むんだ。まぁ、今は気にしなくて大丈夫

2 レッドストーンコンパレーターとレッドストーンリピーターを設置

そこから「レッドストーン」でつなぎ「レッドストーンコンパレーター」と「レッドストーンリピーター」を設置する。

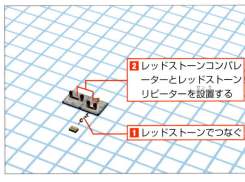

2 レッドストーンコンパレーターとレッドストーンリピーターを設置する

1 レッドストーンでつなぐ

3 レッドストーンをつなぐ

図のように「レッドストーン」を置く。

レッドストーンを置く

4 回路をつなげる

さらに「レッドストーン」を配置し回路を広げていく。

あっ、これはクロック回路ね！

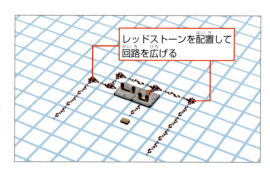

レッドストーンを配置して回路を広げる

5 回路を確認する

いったんここでボタンを押して、レッドストーンランプが光るかを試してみよう。レッドストーンランプが光れば、正しく信号が届いているぞ。壊して次の手順に進もう。

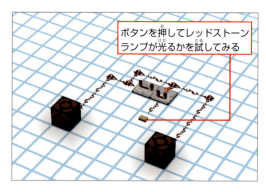

ボタンを押してレッドストーンランプが光るかを試してみる

6 石レンガを置く

回路の両端に「石レンガ」を設置する。

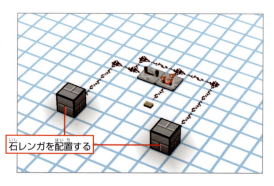

石レンガを配置する

7 ボタンの手前にも石レンガを置く

ボタンの手前部分にも「石レンガ」を設置する。

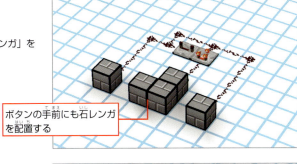

ボタンの手前にも石レンガを配置する

8 石レンガの上にレッドストーンを置く

その上に「レッドストーンリピーター」と「レッドストーン」を配置しよう。

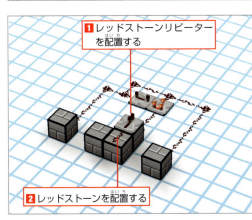

1 レッドストーンリピーターを配置する

2 レッドストーンを配置する

9 ディスペンサーを置く

ボタンの上部に「ディスペンサー」を配置する。

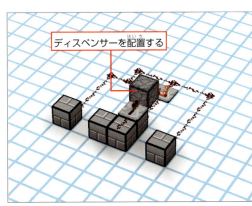

ディスペンサーを配置する

おっ！ 手順 **1** で赤石先生が言ってたのは、このディスペンサーだな？

そうなんだ。このディスペンサーは、下向きになるように設置すること。中に矢を入れて、下のボタンに当たるようにするんだ

10 ボタンを設置する

手前の「石レンガ」に「ボタン」を取り付ける。

ここでボタンを押して、矢が放たれて回路がオンになるかをチェックしてみよう

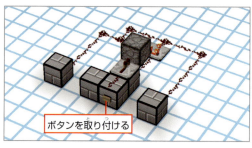

11 石レンガを置く

さらに上部に「石レンガ」を設置する。

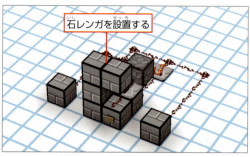

12 トラップチェストを置く

手順 11 の「石レンガ」の上に2つ分の「トラップチェスト」を乗せよう。ここで「ボタン」は取り外しておく。

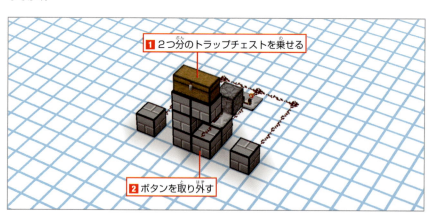

ここには、金塊を入れておこう！

金の亡者ね……

トラップチェストをあけてみると、回路がうまく動くはず。
動作が確認できたらボタンは取り外してしまってかまわないよ

13 レッドストーントーチを置く

両サイドの回路の先の「石レンガ」に「レッドストーントーチ」を設置する。

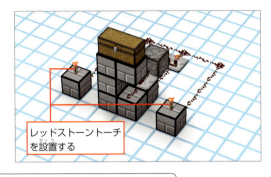

レッドストーントーチを設置する

このレッドストーントーチは、信号を上に伝えるためのものなんだ

14 ディスペンサーを置く

各「レッドストーントーチ」の上に「ディスペンサー」を配置する。

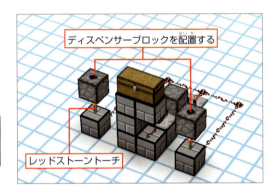

ディスペンサーブロックを配置する

レッドストーントーチ

このディスペンサーは上向きに取り付けるのね

そうだよ。中には打ち上げ花火を入れておこう！

15 ディスペンサーの周りを石レンガで埋める

「ディスペンサー」の周りを「石レンガ」で埋めていく。

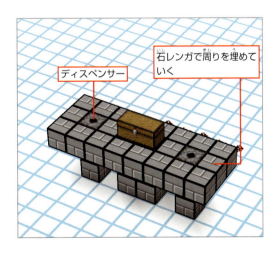

ディスペンサー

石レンガで周りを埋めていく

| 16 | トラップチェストに壁を作る

「トラップチェスト」を囲うように高さ2段で「石レンガ」の壁を作り、完成。

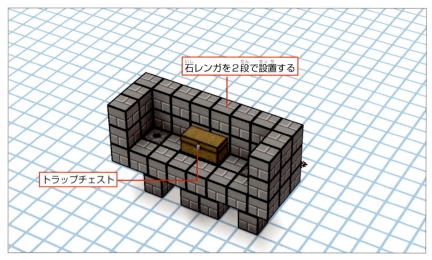

石レンガを2段で設置する

トラップチェスト

ふぅ〜！やっとできたぜ〜！

宝箱の中身が手に入って、さらに花火が打ち上がるなんて、とても嬉しいね！

COLUMN この回路でのポイント

☑ ボタンに矢を打ち込むことで、ずっと押された状態にすることができるよ。

☑ ボタンが押されると、クロック回路をオンにして、左右のディスペンサーに繰り返し信号を伝え続けるんだ。

☑ ディスペンサーに信号を伝えると、中に入っているアイテムが勢いよく発射されるよ。

ディスペンサーをうまく使って、花火や矢を放つんだ。
クロック回路で繰り返し花火が上がるから、迷路のゴールなどに使うといいね！

カッコよくせり出す！ 隠し通路 ≫ Chapter 5-04

Chapter 5-04

 カッコよくせり出す！ 隠し通路

一見通れないように見えるけれど、じつは通路が隠されている！ ただ開くだけじゃなく、カッコよく動く工夫をしてみよう！

溶岩が見えるぞ…。これに落ちる仕掛けになってるのかな。今度は騙されないぜ

溶岩があって先に進めない…

1 感圧板を踏むと…

手前の感圧板を踏むと何か起こりそうね…

まぁ、進んでみてよ

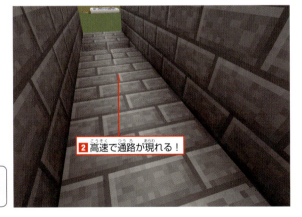

2 高速で通路が現れる！

わわわわっ!!!

通路が手前から奥に高速でつながったよ!!

通路が現れるタイミングを工夫すれば、カッコよくなるんだよ。この回路では、手前から奥へ、順番に通路が現れるようになっているんだ。本ではその動きを伝えられないところが残念だけど、ぜひ作ってみて、カッコよく動くところを確かめてみてね！

123

隠し通路の回路を作ろう！

一見、溶岩で前に進めないようになっているが、感圧板を踏むと通路が現れる。リピーターを調整して、開く順番を変えているんだ

回路完成図！

1 補助ブロックを置く

補助ブロックを2マス並べる。

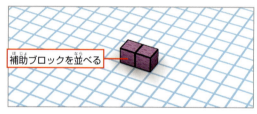

補助ブロックを並べる

2 石レンガを置く

補助ブロックの上と左右に「石レンガ」を合計4個並べる。

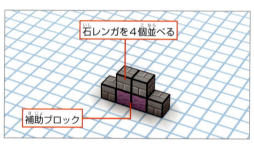

石レンガを4個並べる

補助ブロック

3 補助ブロックを壊す

ここで補助ブロックを壊しておく。

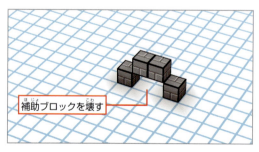

補助ブロックを壊す

4 レッドストーンをつなぐ

「レッドストーン」を「石レンガ」に設置する。

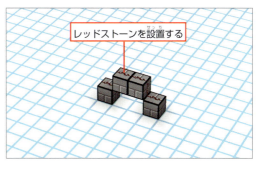

レッドストーンを設置する

5 レッドストーンコンパレーターを置く

信号を調整するために「石レンガ」の手前に「レッドストーンコンパレーター」を配置する。

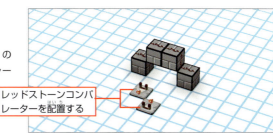

レッドストーンコンパレーターを配置する

6 レッドストーンリピーターを置く

「石レンガ」の両脇には「レッドストーンリピーター」を配置しよう。

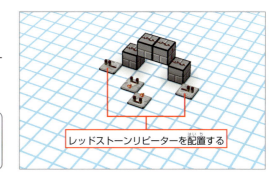

レッドストーンリピーターを配置する

リピーターは適当に置いちゃっていいの？

ダメダメ。この図の通りに置くように！

7 回路を広げる

図のように「レッドストーン」を設置し、回路を広げていく。

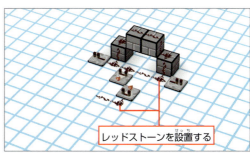

レッドストーンを設置する

8 レッドストーンコンパレーターの横に「石レンガを置く」

手順5で配置した「レッドストーンコンパレーター」の横に「石レンガ」を設置する。

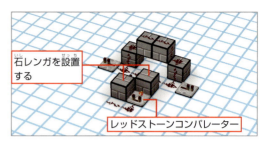

9 リピーターの横にも石レンガを置く

「レッドストーンリピーター」の横にも「石レンガ」を並べよう。

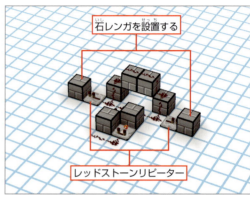

10 レッドストーンをつなげる

手順9で設置した「石レンガ」に「レッドストーン」を置く。

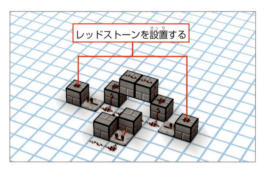

11 補助ブロックを置く

先ほどの「石レンガ」の横と手前に補助ブロックを置く。

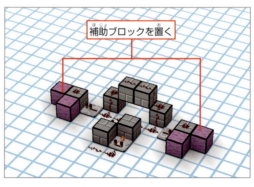

12 石レンガをつなげる

補助ブロックの上に1つずつ、「レッドストーンコンパレーター」の上部に横2マス×奥行き5マスの「石レンガ」を設置する。

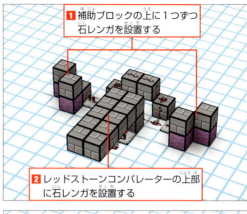

1 補助ブロックの上に1つずつ石レンガを設置する

2 レッドストーンコンパレーターの上部に石レンガを設置する

13 補助ブロックを壊す

ここで補助ブロックは壊しておく。

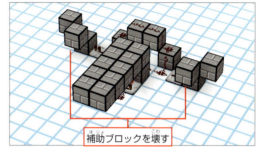

補助ブロックを壊す

14 両サイドにレッドストーンをつなげる

両サイドの「石レンガ」に「レッドストーン」を配置する。

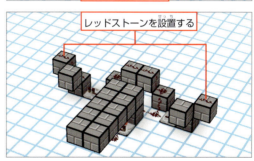

レッドストーンを設置する

15 石レンガを設置

図の位置に「石レンガ」を横2マス×奥行き5マス分ずつ設置する。

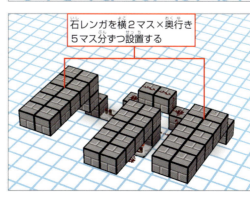

石レンガを横2マス×奥行き5マス分ずつ設置する

16 回路を大きくする

手順15で設置した「石レンガ」に「レッドストーン」を乗せ、回路を広げていく。

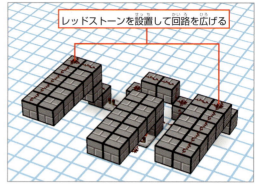

レッドストーンを設置して回路を広げる

17 レッドストーンリピーターを並べる

先ほど広げた回路の横に「レッドストーンリピーター」を4つ並べる。

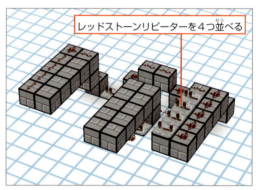

レッドストーンリピーターを4つ並べる

18 反対側にもレッドストーンリピーターを並べる

左側も同様に「レッドストーンリピーター」を4つ設置しよう。

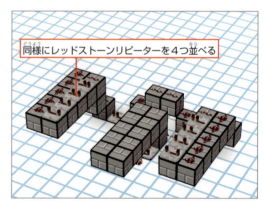

同様にレッドストーンリピーターを4つ並べる

きっと、このリピーターは粘着ピストンにつながるのね

そのとおり！ リピーターをひとつずつ右クリックして、入力装置の位置をずらしておくのがポイントだよ

19 補助ブロックを設置する

図の位置に補助ブロックを5つ設置する。

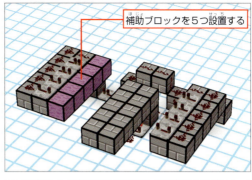

補助ブロックを5つ設置する

20 粘着ピストンを並べる

補助ブロックの上に「粘着ピストン」を向きに気をつけて並べていこう。

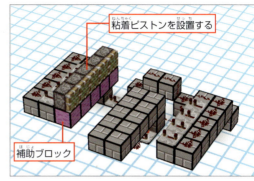

粘着ピストンを設置する

補助ブロック

21 補助ブロックを壊す

ここで補助ブロックは壊しておく。

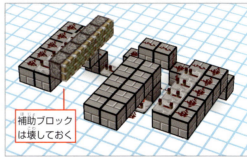

補助ブロックは壊しておく

22 粘着ピストンを置く

右側も同様に補助ブロックを利用して「粘着ピストン」を設置する。

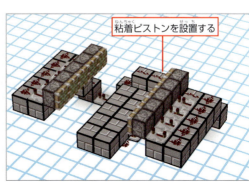

粘着ピストンを設置する

23 補助ブロックを置く

中央部分に補助ブロックを設置する。

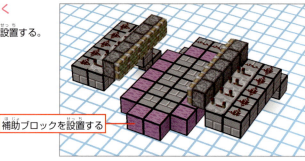

補助ブロックを設置する

24 石レンガを置く

補助ブロックの上に「石レンガ」を1段並べる。

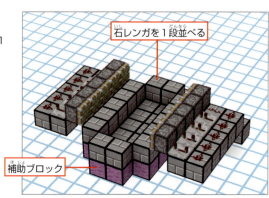

石レンガを1段並べる

補助ブロック

25 補助ブロックを壊す

補助ブロックはこの段階で壊しておく。

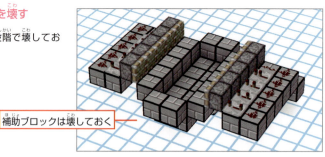

補助ブロックは壊しておく

26 中に溶岩を流し込む

「溶岩入りバケツ」を使って中央部分に溶岩を注ぐ。

おっ、溶岩のプールができたぞ！

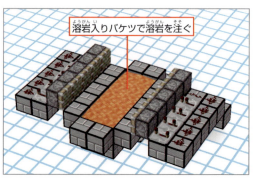

溶岩入りバケツで溶岩を注ぐ

27 石レンガブロックを追加する

「粘着ピストン」の横に「石レンガ」を並べる。

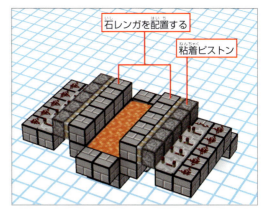

石レンガを配置する
粘着ピストン

28 石レンガを設置する

手前と後方に「石レンガ」を横4マス×奥行き2マス分設置する。

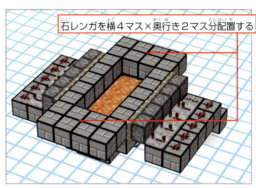

石レンガを横4マス×奥行き2マス分配置する

29 石の感圧板を置く

先ほど並べた後方の「石レンガ」に「石の感圧板」を置く。

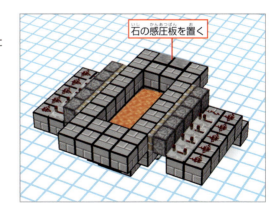

石の感圧板を置く

この感圧板が、通路をつくる入力装置になるのね

30 石レンガを置く

図の位置に高さ2マス×奥行き9マス分の「石レンガ」を設置する。

さすがに疲れてきた……

あとすこし完成だよ！もうひと踏ん張り！

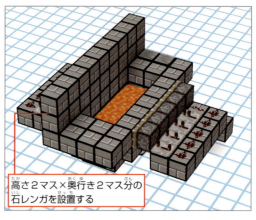

高さ2マス×奥行き2マス分の石レンガを設置する

31 反対側も同じようにして完成

反対側も同じように「石レンガ」を設置して完成。

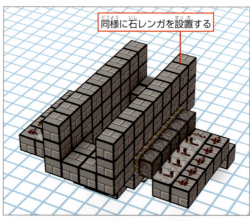

同様に石レンガを設置する

できた～！

COLUMN この回路でのポイント

- ☑ 感圧板から粘着ピストンに信号をつなげる、シンプルな回路だよ。
- ☑ 溶岩プールの奥行きを4ブロック以上にすることで、ジャンプでは飛び越えられなくするんだ。
- ☑ リピーターを右クリックすることで、感圧板を踏んだ後に開くまでの時間を調整できるよ。
- ☑ リピーターの時間をばらばらにしておくことで、カッコよく道が出現するようになるんだ。

一見行き止まりのように見せながら、じつは隠し通路を出現させる面白い回路だよ。リピーターの時間を変えてみたりして、さらにかっこよく通路が出現する方法がないかを研究してみてね！

6時間目

そのほかさんの おもしろ回路集

> オレが作った、ちょっと変だけどおもしろい回路を解説していくから、見てくれよな！ いままで学んできた知識を生かせば、これくらいは作れるようになったぜ！

Chapter 6-01

TNTのチカラで俺が飛ぶ！ぶっとびジャンプ台

ネット動画では、TNTを飛ばすキャノン砲をよく見るよね？ この回路は、TNTじゃなくて、自分自身をぶっとばす、TNTジャンプ台なのだ！

 この感圧板の上に乗ってみて

 なんかいやな予感しかしないんだけど

 そんなこと言わずにほら…

1 感圧板に乗ると…

ぴょーーん！

ぴょ〜ん！

2 人間大砲が打ち上がった！

 きれいに飛んだね〜

 うわぁ、楽しそう！

TNTは水中であれば周囲のものを壊すことなく爆発できるしくみを使ったジャンプ台。雲の上まで届く強力なジャンプ力があるぞ！

ジャンプ台の回路を作ろう！

ディスペンサーに入れたTNT爆弾が、入力装置を踏むとともに発射され、水流でプレイヤーの近くに集まる仕組みなんだぜ

回路完成図！

1 ディスペンサーを並べる

「ディスペンサー」を横に8マス並べる。

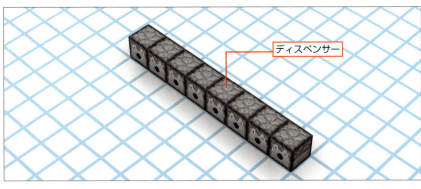
ディスペンサー

2 ディスペンサーを平行に並べる

1マスあけて平行に「ディスペンサー」を8マス並べよう。

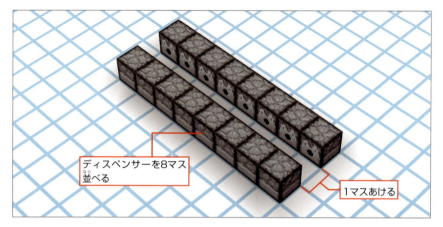

ディスペンサーを8マス並べる

1マスあける

3 TNTを入れる

「ディスペンサー」の中、「TNT」を9スタックを準備しよう。

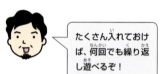

たくさん入れておけば、何回でも繰り返し遊べるぞ！

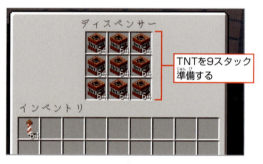

TNTを9スタック準備する

4 ネザー水晶を置く

右側に「ネザー水晶」を3マス並べる。

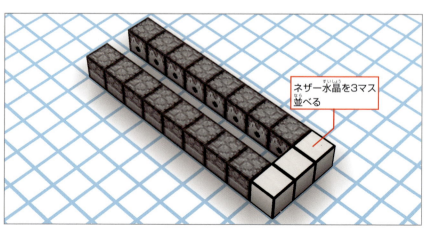

ネザー水晶を3マス並べる

5 ネザー水晶を置く

左側には同じく「ネザー水晶」を1マス配置しよう。

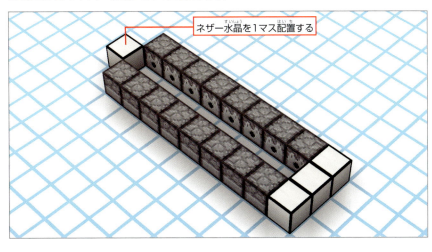

ネザー水晶を1マス配置する

6 水を入れる

「水入りバケツ」を使って、中央部分の左端に水を注ぐ。

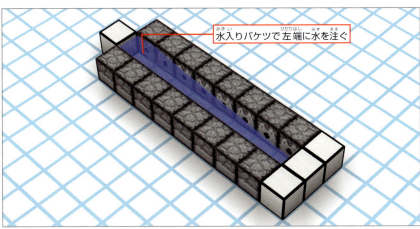

水入りバケツで左端に水を注ぐ

なるほど、水流を使って右端にTNT爆弾を集めるんだね。

左端に水を入れることで、左端は水源に、その右にある7ブロックは水流になるんだぜ。
左端から水を入れないとうまくいかないから注意な！

7 レッドストーンを置く

「ディスペンサー」と「ネザー水晶」に「レッドストーン」を配置する。

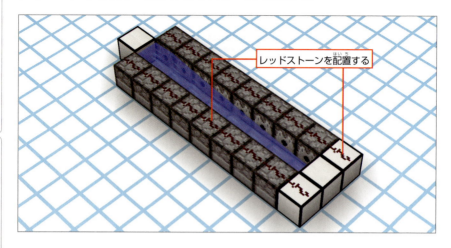

レッドストーンを配置する

8 感圧板を乗せる

手前の「ネザー水晶」の真ん中に「木の感圧板」を乗せて完成。

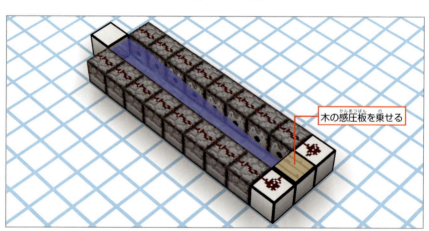

木の感圧板を乗せる

COLUMN この回路でのポイント

- ☑ ディスペンサーに入ったTNTを、すべて同じタイミングで発射する。
- ☑ 水流の中なら、TNT爆弾が爆発してもブロックを壊さない。
- ☑ TNT爆弾の爆発の力で、上空までジャンプ！

Chapter 6-02
連続して花火が上がる！ゾンビ式クロック回路

ちょっと大がかりだけれど、おもしろいクロック回路。レッドストーンリピーターやレッドストーンコンパレーターではなく、ゾンビの動きを利用したアナログなクロック回路だ。

面白い形の家だね

失礼な！これはれっきとしたレッドストーン回路だぞ！

村人

村人が入っているから家じゃないの？

ふふふ…ここにゾンビを召喚すると……

ゾンビをスポーンさせる

花火が打ち上がった！

花火が上がった！？

ゾンビがクロック回路の役目をしているんだぜ？ ゾンビが村人に向かって進むという習性を使って、前に進むと感圧板のスイッチが入る。スイッチが入ると花火を上げて、同時にピストンがゾンビを押し出してオフになる。これを繰り返すんだ。スゲエだろ！

そ、そうだね……

 ゾンビの打ち上げ花火の回路を作ろう！

ゾンビは村人に向かって進んでいく。そうしたマイクラのしくみを、ほかの回路に取り入れてみても面白いぞ！

回路完成図！

1 木材を9個並べる

「オークの木材」を縦横3マスの正方形に並べる。

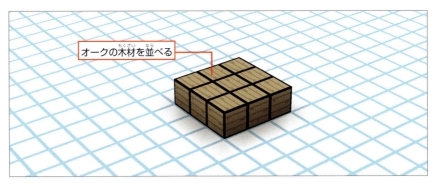

2 ガラスブロックを置く

「オークの木材」の上に「ガラス」をコの字に並べる。

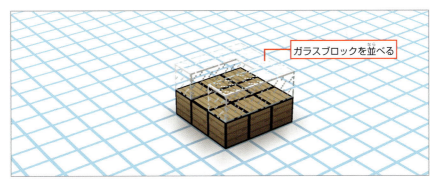

3 木材を追加する

図の位置に「オークの木材」を3つ配置する。

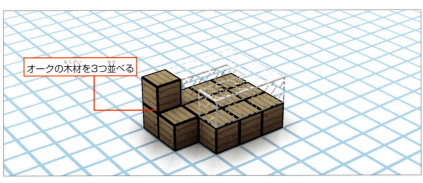

4 感圧板とレッドストーンを置く

「石の感圧板」と「レッドストーン」を配置していく。

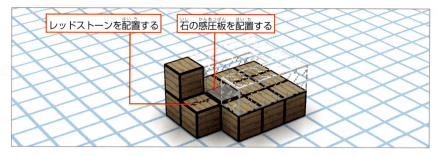

5 木材を追加する

さらに「オークの木材」を図のように配置する。

6 ピストンを置く

手順 4 で「レッドストーン」を配置した上に「ピストン」を設置する。

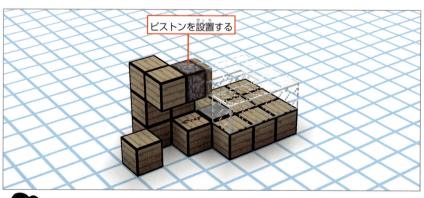

ピストンは、右側に向くように配置するんだ

7 ディスペンサーを置く

「ピストン」の上に「ディスペンサー」を設置。

ディスペンサーブロックを設置する

ここから花火が打ち上げられるのね

8 打ち上げ花火を入れる

「ディスペンサー」には「ロケット花火」を9スタックを準備しよう。

ロケット花火の作り方は59ページに書いてあるぞ！

ロケット花火を9スタック準備する

9 木材を追加する

「オークの木材」を図の位置に並べる。

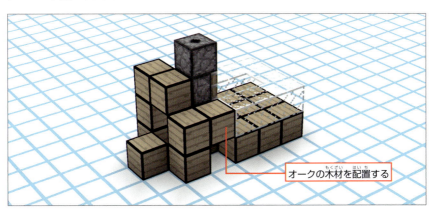

オークの木材を配置する

10 レッドストーンをつなげる

手順 7 の「ディスペンサー」から先ほど並べた「オークの木材」まで「レッドストーン」を配置して回路を広げていく。

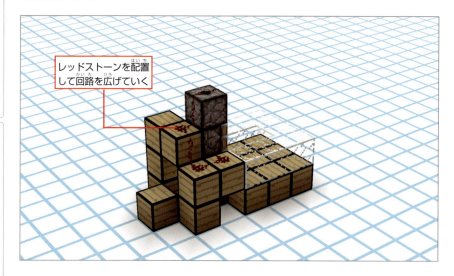

レッドストーンを配置して回路を広げていく

11 木材を追加する

上部に「オークの木材」を図のように配置する。

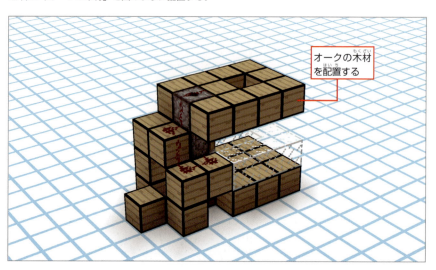

オークの木材を配置する

12 「橙色の堅焼き粘土」と「スポーン　村人」を置く

手順11で配置した「オークの木材」の間に「橙色の堅焼き粘土」を置き、下の「オークの木材」の間に「スポーン　村人」を利用して村人を配置しよう。

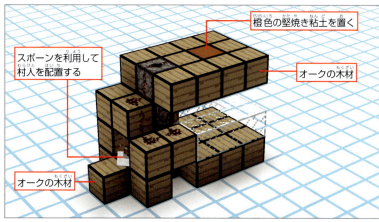

ゾンビは、橙色の堅焼き粘土の下あたりにスポーンさせよう

13 「スポーン　ゾンビ」を置く

「ガラス」の間に「スポーン　ゾンビ」を利用してゾンビを配置し、完成。

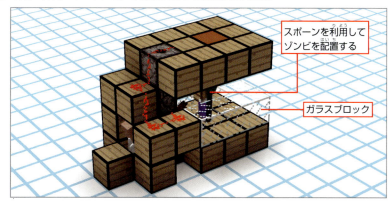

COLUMN この回路でのポイント

- ゾンビは村人に向かって動こうとする。
- ピストンは、ブロックだけではなく、モンスターや動物も押すことができる。
- 感圧板は、プレイヤー以外の動物やモンスターにも反応する。

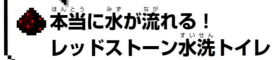

Chapter 6-03
本当に水が流れる！レッドストーン水洗トイレ

ピストンを制御して、水を一時的に流すことができる水洗トイレ。上から下方向にレッドストーンの信号を伝えるよう、レッドストーントーチを使った工夫がしてあるぞ。

 この形、どこかで見たような……

 なんだか嫌な予感がするね

 ふふふ…そんなこと言わずに、横のボタンを押してみなよ

1 ボタンを押すと…

 あっ！ 水が流れた！！

じゃー！

2 トイレに水が流れた！

 やっぱり！ もうちょっとマシなもの作りなさい！

みんな大好きなトイレを作ってみたぜ！ レッドストーン回路を使って、ピストンの水門を開閉させることで、ほんとうに水が流れるんだ。これで、毎日スッキリってわけよ

水洗トイレの回路を作ろう！

ボタンを押すと、一定時間だけピストンが閉じて水が流れるしくみ。信号を反転させたり、下方向に伝えるためにレッドストーントーチを活用している、案外高度な回路だ

回路完成図！

1 地面を掘ってネザー水晶を設置する

横6×奥行き3マス分、地面を掘り下げ、そこに図のように「ネザー水晶」を配置する。

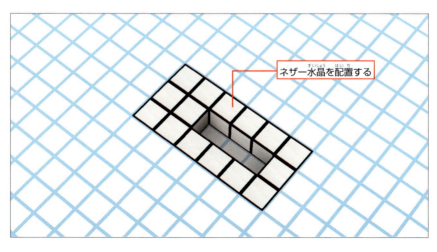

ネザー水晶を配置する

2 ピストンを設置する

図の位置に「ピストン」を配置する。

ピストンを配置する

3 レッドストーンをつないでレッドストーントーチを置く

穴になっている部分に「レッドストーン」を3マス敷き、穴の側面に「レッドストーントーチ」を設置する。

レッドストーントーチは、右端のネザー水晶の側面にくっつけるんだね

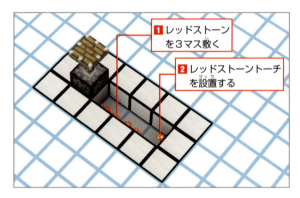

1 レッドストーンを3マス敷く

2 レッドストーントーチを設置する

4 ピストンの前にネザー水晶を置く

「ピストン」の手前に「ネザー水晶」を置く。

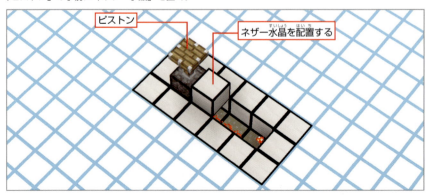

ピストン

ネザー水晶を配置する

148

5 ピストンを囲うように「ネザー水晶の階段」を置く

さらに「ピストン」を囲うように「ネザー水晶の階段」を向きに気をつけて配置していこう。

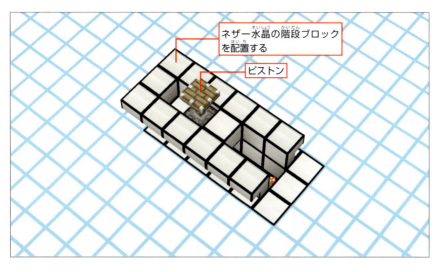

ネザー水晶の階段は、さかさまにして設置しよう。
回路をぐるっと囲うように配置していくんだ

6 レッドストーントーチの上に「ネザー水晶」を置く

「レッドストーントーチ」の上に、「ネザー水晶」を横2×奥行き3マス分配置する。

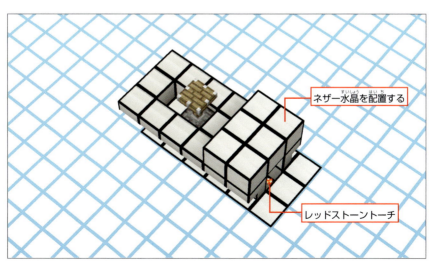

7 さらにネザー水晶を置く

手順 6 で配置したブロックの上に、図のように「ネザー水晶」を配置する。

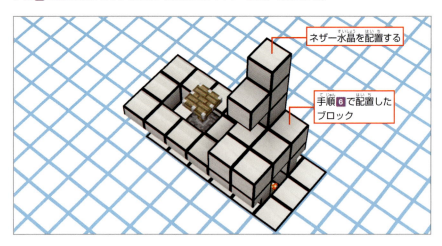

ネザー水晶を配置する

手順 6 で配置したブロック

8 レッドストーントーチを置く

「ネザー水晶」の側面2箇所に「レッドストーントーチ」を設置しよう。

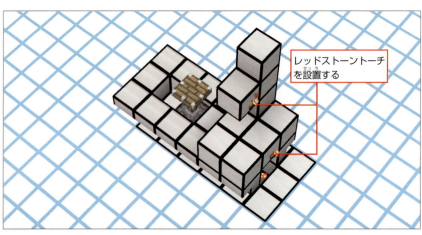

レッドストーントーチを設置する

信号を下方向に伝えるためには、こんなレッドストーントーチの置き方があるのか

どうだ！ すごいだろ（偶然発見したんだけどな）

ほかにも、階段状にブロックを設置したり、粘着ピストンとレッドストーンブロックを使って下方向に伝えるという方法もあるよ

9 レッドストーンを置く

「レッドストーントーチ」を設置した「ネザー水晶」3箇所の上に、「レッドストーン」を置く。

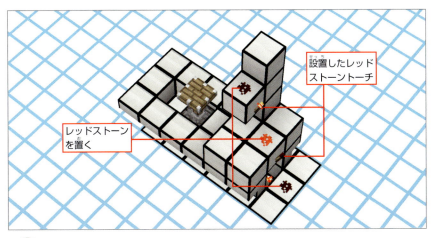

なるほど、信号を反転させながら、下の回路へ導いているのね！

10 ネザー水晶を置く

図の位置に「ネザー水晶」を縦に3つ積み上げる。

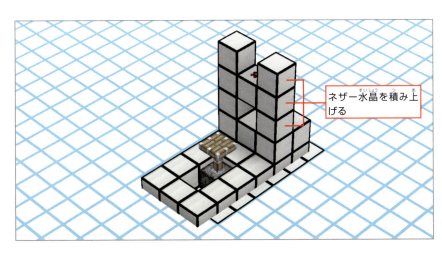

11 ボタンを設置する

手順10で積み上げた「ネザー水晶」の一番上に側面に石の「ボタン」を取り付ける。

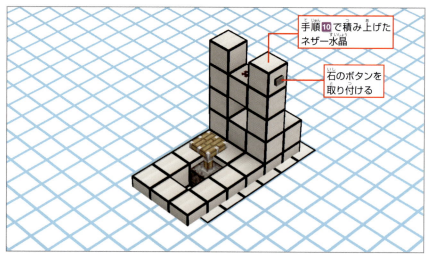

石のボタンの代わりに、レバーを設置してもいいぜ

12 ネザー水晶でピストンを囲む

「ピストン」部分も囲うように「ネザー水晶」を並べていこう。

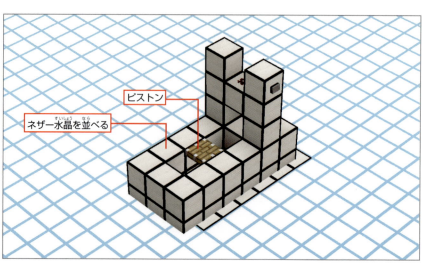

13 水を入れる

「水入りバケツ」を利用して、中央部分に水を注ぐ。

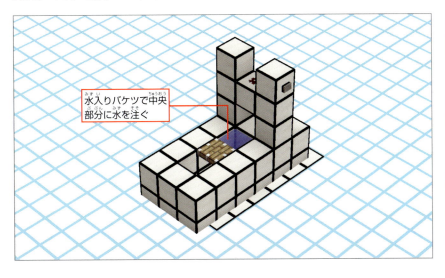

水入りバケツで中央部分に水を注ぐ

14 ネザー水晶を積み上げる

水を注いだ部分の上部にも「ネザー水晶」を図のように積み上げる。

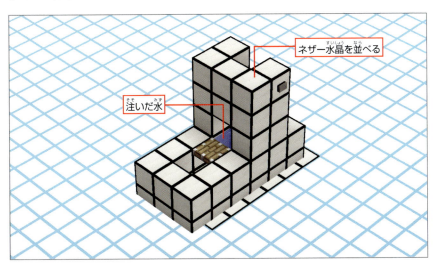

ネザー水晶を並べる

注いだ水

15 階段を設置する

「ネザー水晶の階段」を横並びに3つ設置して完成。

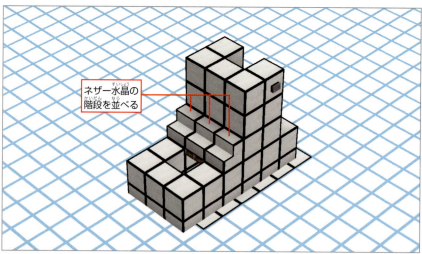

ネザー水晶の階段を並べる

これで完成だ！思う存分、スッキリしようぜ！

COLUMN この回路でのポイント

- ☑ 下方向に信号を伝えるには、レッドストーントーチをうまく活用する。
- ☑ 信号を反転させるためにも、レッドストーントーチを使う。
- ☑ ピストンを使って水流をせき止めておくことができる。
- ☑ ボタンを使えば、1秒間信号を流せる。レバーなら、ずっと流れた状態に。

限られたスペースの中で、信号を下方向に伝えるためのテクニックがすごい。
見た目はちょっとアレだけど、なかなか役に立つ回路だね

いえーい！褒められた！

……なぜか悔しい

Chapter 6-04

ぐるぐる回り続ける ロシアンルーレットを作ろう！

中央にあるブロックが、ピストンの力でぐるぐる回る！実用的じゃないけれど、おもしろい回路。中のブロックをTNTに変えれば、ロシアンルーレットに！

ふぅ。やっとできた！

なんだかすごい装置ね

レバーをオンにしてみよう！

わわっ！中のブロックが動き始めたよ！

TNTブロックが、ぐるぐる回っているね！

155

0時間目 レッドストーン回路を作る前に

4箇所に設置したピストンの動くタイミングをリピーターで調整することで、中のブロックが回転しているように見えるんだぜ？ 適当に作ったら、なんかうまくいっただけなんだが、すごいだろ？

ロシアンルーレットを作ろう！

回路全景はこんな感じになるぞ！　色はお好みで。好きなブロックに置き換えてみよう！

1時間目 レッドストーンを"使わない"回路で学ぶ「回路の基本」

回路完成図！

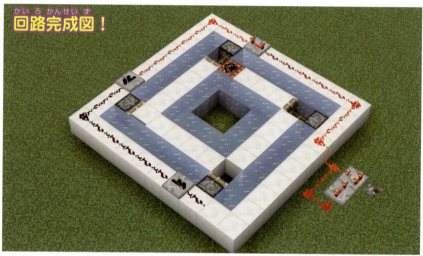

2時間目 レッドストーンで遠くへ信号を伝えよう

1 「ネザー水晶」で正方形を作る

「ネザー水晶」を縦横10マスの正方形型に並べる。

3時間目 繰り返し動く仕掛けを作ってみよう

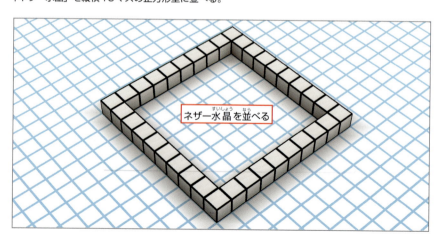

ネザー水晶を並べる

2 内側にピストンを設置する

先ほど並べた「ネザー水晶」の内側に端を1マスあけて「ピストン」を1マスずつ配置する。

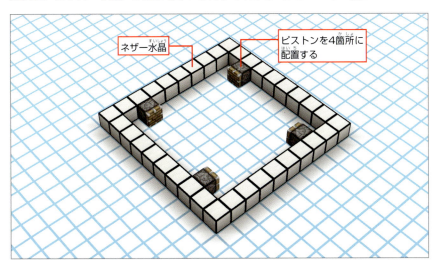

ネザー水晶

ピストンを4箇所に配置する

3 ピストンの隣に氷ブロックを置く

「ピストン」を置いた列に氷ブロックを6マスずつ並べていく。

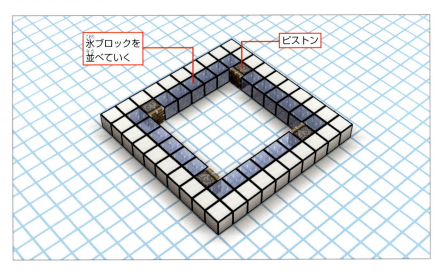

氷ブロックを並べていく

ピストン

周囲の氷ブロックは、好きな色のブロックに置き換えてもかまわないぜ

4 内側に氷ブロックで正方形を作る

さらに内側に1マス分の間をあけ、氷ブロックを縦横4マス並べて配置する。

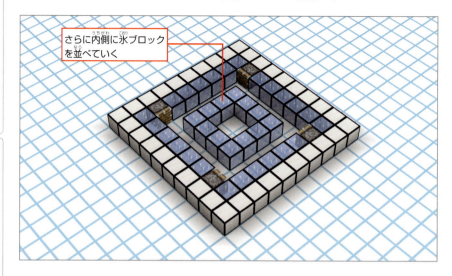

さらに内側に氷ブロックを並べていく

5 氷ブロックの間をネザー水晶で埋める

手順 3 と 4 でできた氷ブロックの間の部分に「ネザー水晶」を置いていく。「ピストン」の前は空けたままにしておこう。

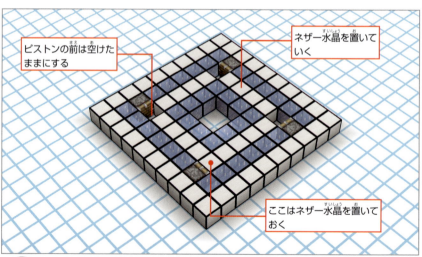

ピストンの前は空けたままにする

ネザー水晶を置いていく

ここはネザー水晶を置いておく

この空きスペースが意外と重要なんだ。
手前のピストンの前だけ、ネザー水晶で埋めよう

6 TNTを置く

図の位置の「ネザー水晶」を「TNT」に置き換える。

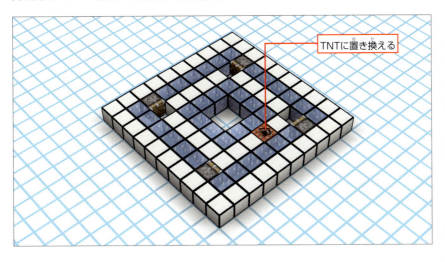

7 レッドストーンリピーターを置く

一番外側の「ネザー水晶」の3箇所に「レッドストーンリピーター」を置く。

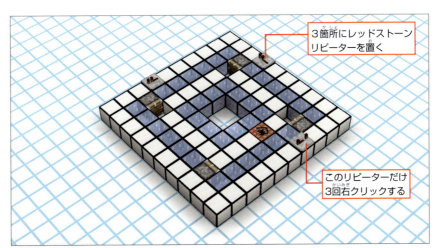

リピーターの動きをひとつだけ遅らせておくのがポイントだね

ま、まあな！（なるほど、そうだったのか～）

8 レッドストーンをつなげる

「ネザー水晶」の上に「レッドストーンリピーター」をつなぐように「レッドストーン」を置いて、回路を広げていく。

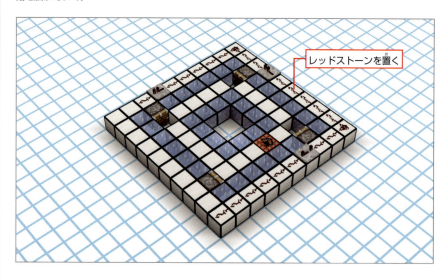

レッドストーンを置く

9 さらにレッドストーンをつなげる

さらに図のように「レッドストーン」を回路をつないでいこう。

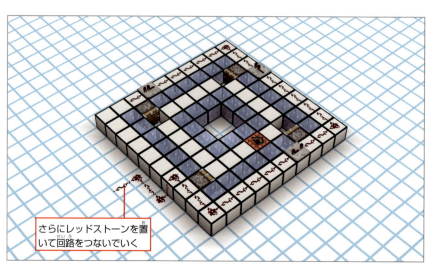

さらにレッドストーンを置いて回路をつないでいく

10 「レッドストーンリピーター」と「レッドストーンコンパレーター」を設置する

手順 9 で敷いた回路の先に「レッドストーンリピーター」と「レッドストーンコンパレーター」を設置する。

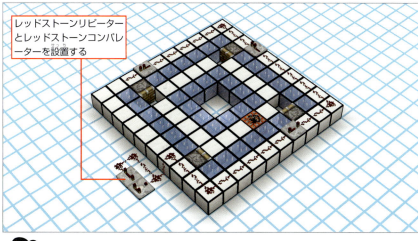

レッドストーンリピーターとレッドストーンコンパレーターを設置する

ここにクロック回路を作って、繰り返し動かしてるんだぞ

11 コンパレーターを減算モードにする

「レッドストーンコンパレーター」を右クリックして減算モードに切り替えよう。

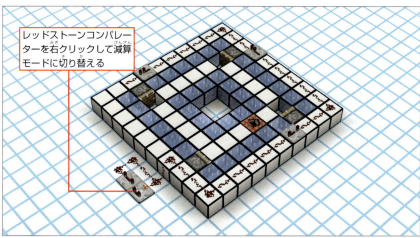

レッドストーンコンパレーターを右クリックして減算モードに切り替える

減算モードは63ページで復習できるよ！

161

12 レバーを置く

「レッドストーンコンパレーター」の横に「レバー」を設置する。

13 レバーをオンにして確認する

「レバー」をオンにして「ピストン」が作動すれば完成！

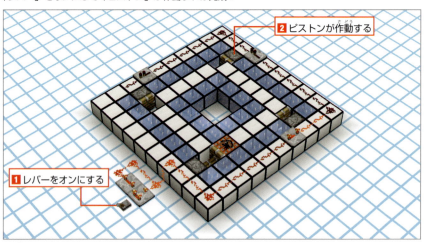

これで完成だ！ さっそくレバーをオンにしてみようぜ！

COLUMN この回路でのポイント

- ☑ ピストンを使ってブロックを押し出すことができるよ。
- ☑ ピストンの動くタイミングをレッドストーンリピーターで変えて、動きを調整しよう。
- ☑ クロック回路を使って、繰り返し動くようにしよう。

Chapter 6-05
まーちゃんの作ってみた！① 「音符ブロックを鳴らしてみよう」

ここからは、私の作った回路を紹介するわ。19ページにある出力装置の中でも「音符ブロック」が気になったから、音符ブロックを使ってみたの

おいおい、なんだよ急に！ 俺のコーナーだぞ

まぁまぁ

音符ブロックは右クリックで音程を設定できるみたいなの。音程を設定しておけば、レッドストーン信号が流れた時に自動で再生してくれる仕組み。間にレッドストーンリピーターを挟めば、順番に音を鳴らしてくれる、素敵な仕掛けだよ！

音符ブロックで自動演奏をしよう！

音符ブロックは、右クリックすることで音程を変えることができる。レッドストーンとリピーターでつなげれば、音楽にできるぞ。

1 音符ブロックとレッドストーンリピーターを設置

音符ブロックで音階を設定し、間にレッドストーンリピーターを挟んでタイミングを調整する。右端には羊毛を置いて入力装置を設置。

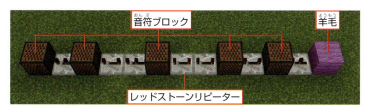

音符ブロック／羊毛／レッドストーンリピーター

2 スイッチオンで自動演奏

羊毛に設置したボタンを押すと、音楽がはじまるぞ！

ボタン

いい音がなるかな？

163

Chapter 6-06

まーちゃんの作ってみた！② 「夜になると自動で点く街灯」

公園でよく見る夜になると自動的に明るくなる街灯をレッドストーンで作ってみたよ。昼と夜を自動で判別するには「日照センサー」を使ったの。レンガの街並にレッドストーンランプの明かりがおしゃれだよ！

日照センサーは明るさによって信号の強度が変わるものだけど、一定の暗さになったらパッと明るくするために、レッドストーントーチを間に挟んだんだね。こうすることで、信号の減衰にかかわらず、一定の明るさでレッドストーンランプを点灯させることができるね

夜になったら自動点灯する街灯を作る

1 レッドストーンランプの土台を作る

深さ2ブロック分の穴を掘り、図のように日照センサーとレッドストーンを配置する。ランプを置く場所に、木材などの土台を配置しておく。

2 ランプとトーチを配置

レッドストーンランプを土台に配置し、下には1ブロック分の穴を掘って、レッドストーントーチを設置していく。

3 ふたをして完成

あとは、レンガなどでふたをしていく。日照センサーの上をふさいでしまうと明るさを検知できなくなるので、ガラスなど透明なブロックを置いて完成だ。夜になると明かりが灯る。

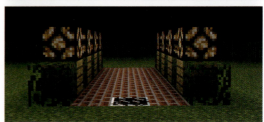

もし、昼間に点灯しちゃうようなら、日照センサーを右クリックすると、昼と夜の動作が入れかわるよ！

Chapter 6-07

まーちゃんの作ってみた！③ 「ボタンでトロッコを発車させる」

パワードレールを使うと、トロッコを加速させることができるよ。この特性を使い、ボタンをつなげて押したと同時にパワードレールに加速する信号を伝えてみたよ！

自動で発車するトロッコ

パワードレールはレッドストーン信号を受けるとトロッコを走らせることができる。信号が伝わるようボタンを配置して遊ぼう。

1 始点にパワードレールとボタンを設置

始点にパワードレールを、その隣にブロックを置き、ボタンを設置する。

2 トロッコをレールに置く

トロッコをパワードレールの上に配置する。

3 ボタンを押すと発車

ボタンを押すと、トロッコが自動で発車する。

勢いよく走り始めたね！

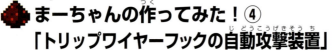

Chapter 6-08

まーちゃんの作ってみた！④「トリップワイヤーフックの自動攻撃装置」

 トリップワイヤーフックを切ると矢が飛び出すという罠を作ってみたわ。近くにモンスターが侵入したらダメージを与えることができるよ！

 なんか、俺っぽい回路だな。俺に影響されてるな

（たしかに）

トリップワイヤーフックを切ると矢が飛び出す罠を作る

1 トリップワイヤーフックとディスペンサーを配置

黒の羊毛の部分にトリップワイヤーフック×2と糸が設置されている。レッドストーンでディスペンサーとつなげてみよう。

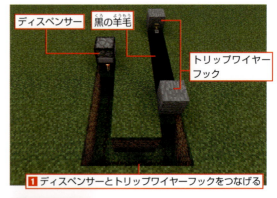

1 ディスペンサーとトリップワイヤーフックをつなげる

2 ディスペンサーに矢を入れる

ディスペンサーに、大量の矢を入れておく。ここから矢が発射される。

2 大量の矢を設置する

3 ふたをして完成

ふたをして完成。黒の羊毛の部分を通過するとワイヤーが検知してディスペンサーに信号を届け、矢を発射する。

付録

便利なコマンド集
レシピ表
PC⇔PS⇔Wii U⇔PE読み替え表
ブロックID

> ここでは、レッドストーンの回路を作るうえで知っておくと便利なワザやデータを紹介しているよ。とくに、コマンドはとても便利だから、必見だよ！

付録 1-01 コマンドとは

PC版Minecraftでは「コマンド」機能が使えるよ。通常のプレイでは難しかったり、面倒な作業を「コマンド」を使うと簡単に行えるようになるんだ。たとえば、レッドストーンで、仕掛けを作るときに、たくさんのブロックを一度に置いたり、暗くなって作業しにくくなってきたときに一瞬で朝に変えたり、といったことができるようになるよ

コマンドを使用する設定

コマンドは、ワールド作成時に「チートを許可する」の設定がオンになっている場合に利用できる。クリエイティブモードではいつでも利用でき、コマンドを使用したタイミングでチートが自動でオンになる。サバイバルモードでは、途中の変更ができないので最初からチートを許可しておこう。

コマンドと値について

コマンドは、下のように「コマンド」と「値」を入力すると実行できる。値には、始点や終点の座標を指定するものがあったり、ブロックID（184ページ参照）を指定するものがある。本章のコマンドの解説では、わかりやすいように＜始点のXYZ＞といった表記をしているが、実際には「10 60 204」といった具合に、「＜」「＞」は入力せず、半角を空けて値を入力する。
下記のコマンドは、埋め尽くすコマンド「fill」を始点「100 64 200」の座標から終点「150 70 250」までの座標の範囲を、草ブロックのID「minecraft:grass」で実行する、という意味になる。

使用コマンド	/fill ＜始点のXYZ＞ ＜終点のXYZ＞ ＜ブロックID＞

実際に入力するコマンド	/fill 100 64 200 150 70 250 minecraft:grass

始点XYZと終点XYZの決め方

下の図では、始点XYZは左上のオレンジ色のブロックの位置となる。終点XYZは対角線上にある右下の黒いブロックまでとなる。

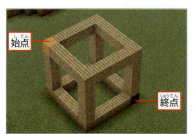

ブロックIDは情報画面でも確認できる

ブロックIDは F3 キーを押したときに表示される情報画面でも確認できる。種類を変えたいときは184ページからの付録を参照しよう。

付録 1-02 　持ち物をすべて消す「clear」コマンド

ではさっそくコマンドを使用してみよう。コマンドを利用するには、キーボードの / (スラッシュ)キーを押す。すると入力待機状態となり、さまざまなコマンドを打つことができる。ここでは持ち物をすべて消す「clear」コマンドを使用してみるよ

使用コマンド	/clear

持ち物をすべて消す「clear」コマンドを入力してみよう

/ (スラッシュ) キーを押すと、画面の下部に入力欄が現れる。そのまま「clear」と入力して Enter キーを押す。

POINT 英字入力にしておく

キーボードは英字入力にしておこう。

1 / キーを押す

2 入力して Enter キーを押す
/clear

コマンド入力前の持ち物画面	コマンドを実行すると

コマンド入力前の状態。インベントリやアイテムスロットにたくさんのアイテムが入っている。	インベントリやアイテムスロットの中身がすべて消去された。

付録 1-03 オプションや値のあるコマンドの入力方法

コマンドの中には、「値」や「オプション」と呼ばれる文字列を付け加える必要があるものがある。たとえば、地形をコピーすることができる「clone」コマンドは、座標を指定するために「clone」の後に半角スペースを空けて、始点と終点のXYZ座標、コピー先の始点となるXYZ座標の値を入力する必要がある。また、続けてさらにオプションの文字を入力することで、特定のブロックのみをコピーできるようにもなるよ

| 使用コマンド | /clone ＜始点のXYZ＞ ＜終点のXYZ＞ ＜コピー先のXYZ＞ |

1 座標を確認する

＜始点のXYZ＞といった座標を確認するときは、F3キーを押したときに表示される情報を見る。Blockはプレイヤーの現在の座標を、Looking atはカーソルの指すブロックの位置を示している。この値を参考に、＜始点のXYZ＞＜終点のXYZ＞といった座標を決めていく。

1 F3キーを押して座標を確認する

2 コピーを行う「clone」コマンドで値を指定して実行する

／（スラッシュ）キーを押してコマンド入力モードに切り替え、「clone」と入力して、半角スペースを空けて＜始点のX＞＜始点のY＞＜始点のZ＞＜終点のX＞＜終点のY＞＜終点のZ＞＜コピー先のX＞＜コピー先のY＞＜コピー先のZ＞と値を入力していく。

2 ／キーを押す
3 /clone 97 4 -67 102 9 -58 98 4 -52 と入力してEnterキーを押す

便利なコマンド集 》付録1

3 Enter キーを押す

Enter キーを押すと、家がコピー先の座標に複製された。

4 家がコピーされた

| 使用コマンド | /clone ＜始点のXYZ＞ ＜終点のXYZ＞ ＜コピー先のXYZ＞ filtered nomal cobblestone |

4 オプションを付けて丸石だけコピーしてみよう

/ (スラッシュ) キーを押して「clone ＜始点のXYZ＞ ＜終点のXYZ＞ ＜コピー先のXYZ＞」と入力したあと、半角スペースを空けて「filtered normal cobblestone」と入力する。これは、丸石だけに絞る、という意味のオプションだ。

1 / キーを押す

2 /clone 97 4 -67 102 9 -58 98 4 -52 filtered nomal cobblestoneと入力して Enter キーを押す

5 丸石のみがコピーされる

Enter キーを押すと、丸石部分だけコピーされた。

3 丸石部分だけコピーされた

POINT 他の素材に置き換える

上記では丸石を指定したが、ここを他の素材に置き換えるとその素材をコピーできる。素材名は巻末付録184ページのブロックID一覧表でチェックしてみよう。

171

付録 1-04　指定した範囲をブロックで埋めつくす「fill」コマンド

大きな建物を建築するときに、周囲を整地したり、丸石ブロックや木材で壁を埋めたりする作業は時間がかかるよね。fillコマンドを使えば、そうした作業を一瞬で終えることができる。fillコマンドは、指定した座標を任意のブロックで埋めつくすことができる機能だ。ブロックIDを「air」とすることで、消滅させることもできるよ。整地したい場合は、始点と終点を指定して、ブロックIDを「air」とするだけで、平らな地面を作ってくれるのでとても便利。また、ブロックIDに続けてオプションを入力することで、ブロックの中を空洞にしたり、特定のブロックを置き換えたりすることもできるよ

使用コマンド	/fill ＜始点のXYZ＞ ＜終点のXYZ＞ ＜ブロックID＞

1　6面を木材で囲んだ壁を作るコマンドを入力

「/」(スラッシュ) キーを押したあと、「fill ＜始点のXYZ＞ ＜終点のXYZ＞ planks 1 hollow」と入力する。「planks」は木材を、「1」はオークやアカシアなどを区別する「種類」の値 (184ページを参照) を、「hollow」は外側だけ指定したブロックで埋めるということを示す。

1 /キーを押す
2 入力する

2　指定した場所にブロックが現れる

Enterキーを押してコマンドを実行すると、その地点に木材でできた大きな箱が一瞬でできあがる。

3 ブロックの箱ができた

3　中を確認してみると…

外壁を少し壊して、中を確認してみると、空洞になっていることがわかる。扉と窓をつければ、すばやく家を作ることができる。

4 中身は空洞になっている

別の素材で置き換える

前ページで作ったブロックの箱を違う素材で置き換えることもできる。

[/]（スラッシュ）キーを押してコマンドを入力できる状態にして「fill ＜始点のXYZ＞ ＜終点のXYZ＞ wool 1 destroy」と入力し、[Enter]キーを押す。すると、木のブロックが壊れて羊毛に置き換わる。

1. [/]キーを押す
2. 入力する

3. 木材のブロックが壊れて羊毛になった

範囲内の特定のブロックだけ置き換えることも可能

右のような、原木に囲まれた砂がある場合、この砂の部分のみを、別のブロックに置き換えることも可能だ。建築後に「やっぱり他の素材に置き換えたい」といった場合に有効だ。

原木ブロック

砂ブロック

「sand」を「stone」に置き換える

コマンド「fill ＜始点のXYZ＞ ＜終点のXYZ＞ stone 1 replace sand」と入力して[Enter]キーを押す。このとき、座標内に原木が含まれていても問題ない。すると、砂だった部分だけが、他のブロックに置き換わる。

1. [/]キーを押す
2. 入力する

3. 砂の部分だけが石ブロックに置き換わった

使用コマンド /fill ＜始点のXYZ＞ ＜終点のXYZ＞ ＜ブロックID＞ replace ＜ブロックID＞

付録 1-05 スタート時のゲームモードを変更できる「defaultgamemode」コマンド

「defaultgamemode」を使うと、ゲームを開始した時点のモードを変更することができる。マルチプレイなどでサバイバルモードに絞りたいなどの制約を与えたいときに利用する。ゲームモードは、コマンドのあとに、右表のオプションを付けて指定しよう

オプション	ゲームモード
survival	サバイバル
creative	クリエイティブ
adventure	アドベンチャー
hardcore	ハードコア
spectator	スペクテイター

使用コマンド　　/defaultgamemode <ゲームモード>

クリエイティブモードでコマンドを入力する

1 　/　キーを押す　**2**「defaultgamemode survival」を入力して Enter キーを押す

クリエイティブモードでゲームを始め、／（スラッシュ）を押す。コマンド「defaultgamemode survival」を入力してEnterキーを押す。

サバイバルモードに変わる

2 サバイバルモードに変更された

ゲームモードがサバイバルモードに変更された。

付録 1-06 途中でモードを自在に変更できる「gamemode」コマンド

クリエイティブモードで仕掛けや罠などを作成し、動作を確かめるときにゲームモードを切り替えたくなったら、「gamemode」コマンドを使おう。設定画面やタイトルに戻ることなく、ゲームモードを切り替えられる。プレイヤー名を指定して、特定の相手だけゲームモードを変えるといったことも可能だ。「defaultgamemode」コマンドと同じようにゲームモードを変更できるが、「gamemode」コマンドはユーザーが個別に変更するため、マルチプレイ時にサバイバルのユーザーとクリエイティブのユーザーが混在できるようになるという違いがあるよ

モード	ゲームモード
survival	サバイバル
creative	クリエイティブ
adventure	アドベンチャー
hardcore	ハードコア
spectator	スペクテイター

使用コマンド　　/gamemode <ゲームモード>

プレイヤーのゲームモードをサバイバルに

1 　/　キーを押してコマンドを入力する

／（スラッシュ）キーのあとに「gamemode survival」と入力してEnterキーを押す。

自分だけゲームモードが変わった

2 サバイバルモードになった

自分だけゲームモードが変更された。

便利なコマンド集 » 付録1

付録1-07　行き詰まったときに強制的に倒れる「kill」コマンド

採掘や探検をしていて、帰り道を見失ってしまい、元の場所に戻れなくなってしまうことがある。クリエイティブモードでは倒れることができないので、「kill」コマンドを使う。コマンドを使うとその場で倒れ、スポーン地点に戻ることができるよ

使用コマンド	/kill

「kill」コマンドを入力する

1 ／キーを押します
2 入力します

／（スラッシュ）キーを押して、コマンド「kill ＜playername＞」を入力する。＜playername＞は省略してもかまわない。

即座にゲームオーバーに

Enterキーを押すと、即座に倒れてしまう。

付録1-08　現在の天気を変更する「weather」コマンド

天気を直接指定することもできる。「weather」のあとに、データ値を入力しよう

使用コマンド	/weather ＜データ値＞

天気	データ値
clear	晴れ
rain	雨
thunder	雷雨

天気を指定する

1 ／キーを押す
2 入力する

雨が降っている。晴れにするために／キーを押し、「weather clear」と入力する。

しばらくすると雨が上がる

3 晴れた
4 ／キーを押す
5 入力する

数秒待つと雨が上がる。続けて／キーを押し「weather thunder」と入力してみよう。

雷雨に変わる

6 豪雨になる

すると今度は雷雨に変わった。

付録1-09 特定のブロックを設置することができる「setblock」コマンド

指定した地点に、ブロックを設置することができる。チェストなど、中身を入れられるブロックでは、「replace」タグを利用することで、アイテムを入れた状態で設置できるよ

| 使用コマンド | /setblock <XYZ> <ブロック名> <データ値> <oldBlockHandling> <データタグ> |

松明入りのチェストを置く

/ （スラッシュ）キーを押したあと、「setblock <XYZ> chest 0 replace {Items:[{id.torch,Count:1,Slot:0}]}」を入力してEnterキーを押すと、チェストが現れる。現れたチェストを開いてみると、松明が入っていることが確認できる。

1 コマンドを入力してEnterキーを押す

2 松明が入ったチェストが現れる

ブロックを置き換える

ブロックのある座標を調べておき、/ （スラッシュ）キーを押したあとで「setblock -11 4 -7 stone 3 destroy」と入力してEnterキーを押す。ブロックが置き換わる。

1 /キーを押す
2 入力してEnterキーを押す

3 ブロックが置き換わる

付録 1-10 指定したアイテムを入手できる「give」コマンド

指定したアイテムをインベントリにセットすることができる。クリエイティブモードでは入手できない素材なども、IDを指定することで手に入れられるよ

| 使用コマンド | /give ＜プレイヤー名＞ ＜アイテムID＞ ＜量＞ ＜データタグ＞ |

木材を30個入手する

/（スラッシュ）キーを押したあと、「give ＜playername＞ planks 30」と入力する。画面の例では、さらに木材のデータタグ「4」が入力されているので、アカシア木材を入手できる。Enterキーを押してアイテムスロットを確認すると、30個のアカシア木材が追加されている。

付録 1-11 狙った場所にテレポートできる「tp」コマンド

遠い場所へ移動したいといった場合には「tp」コマンドを使う。拠点の座標を覚えていれば、どんなに遠くへいっても「tp」コマンドを使って一瞬で戻ってこられるんだ

| 使用コマンド | /tp ＜XYZ＞ |

移動したい座標を入力すると指定した場所に瞬間移動できる

/（スラッシュ）キーを押したあと、「tp ＜XYZ＞」と入力してEnterキーを押すと、遠く離れた場所に瞬間移動する。

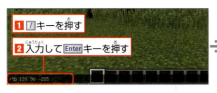

付録 1-12 初期スポーン地点を変更できる「setworldspawn」コマンド

初期スポーン地点を変更することができる。マルチプレイを楽しむときや、コンパスが指す拠点の方向を変えたいときなどに利用しよう

使用コマンド	/setworldspawn <XYZ>

任意の座標に初期スポーン地点を変更する

／（スラッシュ）キーを押したあと、「setworldspawn <XYZ>」を入力する。Enter キーを押してコマンドを実行すると、初期スポーン地点が変わる。

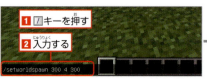

1 ／キーを押す
2 入力する
3 Enter キーを押すとスポーンポイントが変更される

付録 1-13 ルールを変更する「gamerule」コマンド

Minecraftでは、初期状態では炎が燃え移ったり、ブロックを破壊したときにアイテムがドロップしたりする。こうした動きを変更できるのが「gamerule」コマンドだ。ルール名を指定し、オンにしたければ値を「true」、オフにしたければ「false」を続けて入力することで利用できるぞ

使用コマンド	/gamerule <ルール名> <値>

ブロックを破壊してもドロップしないようにする

／（スラッシュ）キーを押したあと、「gamurule doTileDrops false」と入力し、Enter キーを押す。ブロックが壊れても、アイテムをドロップしなくなる。

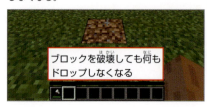

ブロックを破壊しても何もドロップしなくなる

ルール名	効果
doFireTick	火が燃え移る
doMobLoot	動物やモンスターがアイテムを落とす
doMobSpawning	動物やモンスターが自然発生する
doTileDrops	ブロックを壊した時にアイテム化する
doEntityDrops	エンティティを壊した時にアイテム化する
keepInventory	倒れた時にアイテムや経験値を保持する
mobGriefing	クリーパーなどがブロックを壊す
naturalRegeneration	満腹時に体力を回復
doDaylightCycle	時間が経過する

付録 1-14 時刻を自由に変更できる「time」コマンド

クラフトの作業に没頭していると、あっという間に夜が訪れてしまう。夜よりも昼のほうが視認性が高く作業がしやすいという場合には、コマンドで時刻を変えてしまおう

使用コマンド	/time set ＜値＞

時刻を夜に変更しよう

1. / キーを押す
2. 入力して Enter キーを押す

／（スラッシュ）キーを押したあと、「time set night」と入力して Enter キーを押す。

すぐに夜が訪れる

3. 夜になった

夜になった。朝にしたい場合は「time set day」とコマンドを入力する。

付録 1-15 難易度を変更する「difficulty」コマンド

サバイバルモードで、モンスターの発生率を調整したいときなどは、難易度を変更しよう。コマンドに続けてアルファベットで難易度を指定するか、右の値を入力することで、好みの難易度に変更できるよ

値	難易度
0	ピースフル
1	イージー
2	ノーマル
3	ハード

使用コマンド	/difficulty ＜難易度＞

「difficulty」コマンドでゲームモードをノーマルに変更

ゲームをはじめ、／（スラッシュ）キーでコマンド入力欄を開く。「difficulty normal」と入力して Enter キーを押すとゲームモードがノーマルに切り替わる。
「normal」の代わりに数字の 2 と入力してもかまわない。

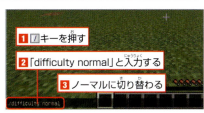

1. / キーを押す
2. 「difficulty normal」と入力する
3. ノーマルに切り替わる

付録 1-16 ワールドの中心や境界線を作る「worldborder」コマンド

行動範囲を指定したワールドを作りたいときは、「worldborder」を使う。Minecraftの世界は無限の広さで生成されるが、このコマンドを使うことで壁を作り、外側に出た時にダメージを与える仕掛けにすることができる

| 使用コマンド | /worldborder ＜centerまたはset＞ ＜座標XY＞ |

ワールドの中心を設定する

/（スラッシュ）キーを押したあと、「worldborder center 300 300」とコマンドを入力してEnterキーを押す。ワールドの中心が指定した位置にセットされる。

中心から30ブロックの範囲に境界を作る

/（スラッシュ）キーを押したあと、コマンド「worldborder set 30」を入力してEnterキーを押す。すると、中心から30ブロックの範囲に境界ができ、その外側に出られなくなる。

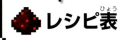

付録2 レシピ表

サバイバルモードでレッドストーン回路を作るときに必要なアイテムやブロックの作り方だよ。レッドストーン回路に使うものだけを厳選しているから、探しやすくなっているよ

火打石と打ち金
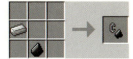
鉄インゴッド：1　火打石：1

TNT付きトロッコ
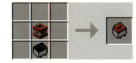
トロッコ：1　TNT：1

木のドア
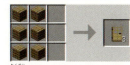
木材：6

トロッコ
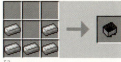
鉄インゴット：5

レール

鉄インゴット：6　棒：1

鉄のドア
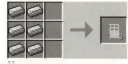
鉄インゴット：6

かまど付きトロッコ
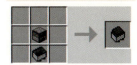
トロッコ：1　かまど：1

パワードレール

金インゴット：6　棒：1
レッドストーン：1

木のトラップドア
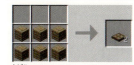
木材：6

チェスト付きトロッコ

トロッコ：1　チェスト：1

ディテクターレール
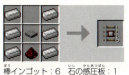
棒インゴット：6　石の感圧板：1
レッドストーン：1

鉄のトラップドア
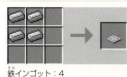
鉄インゴット：4

ホッパー付きトロッコ
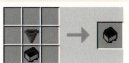
トロッコ：1　ホッパー：1

アクティベーターレール

鉄インゴット：6　棒：2
レッドストーントーチ：1

フェンスゲート
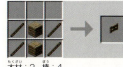
木材：2　棒：4

181

0時間目 レッドストーン回路を作る前に	**（木の・石の）感圧板** 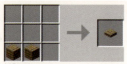 木材/石：2	**レッドストーンコンパレーター**  レッドストーントーチ：3 ネザー水晶：1　石：3
	重量感圧板（重・軽） 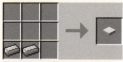 鉄インゴット/金インゴット：2	**ジュークボックス**  木材：8　ダイヤモンド：1
1時間目 レッドストーンを"使わない"回路で学ぶ「回路の基本」	**ボタン**  木材/石：1	**音符ブロック**  木材：8　レッドストーン：1
	レバー 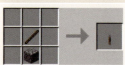 丸石：1　棒：1	**ドロッパー**  丸石：7　レッドストーン：1
2時間目 レッドストーンで遠くへ信号を伝えよう	**レッドストーントーチ** 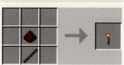 レッドストーン：1　棒：1	**ディスペンサー**  丸石：7　弓：1 レッドストーン：1
3時間目 繰り返し動く仕掛けを作ってみよう	**レッドストーンリピーター**  レッドストーン：1 レッドストーントーチ：2　石：3	**ピストン** 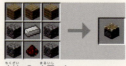 木材：3　丸石：4 鉄インゴット：1 レッドストーン：1

レッドストーンブロック 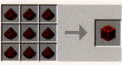 レッドストーン：9	
日照センサー 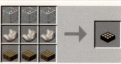 ガラス：3　ネザー水晶：3 木材ハーフブロック：3	
エンダーチェスト  エンダーアイ：1　黒曜石：8	
花火の星 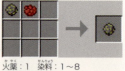 火薬：1　染料：1～8 追加材料：0～3 または　花火の星：1　染料：1～8	
ロケット花火  火薬：1～3　紙：1 花火の星：0～7	

182

付録3

 PC⇔PS⇔Wii U⇔PE読み替え表

 この本では、PC版をもとにブロックやアイテム名を書いているよ。もし、Playstation VitaやPS4、Wii U、スマートフォンなどで遊ぶときは、この表を見てブロック名を置き換えて読んでね

PC版の名前	Vitaの名前	WiiUの名前	PEの名前
TNT	TNT火薬	TNT火薬	TNT火薬
TNT付きトロッコ	TNT火薬つきトロッコ	TNT付きトロッコ	TNT付きトロッコ
アクティベーターレール	起動レール	アクティベーターレール	アクティベーターレール
石の感圧板	感圧石板	石の感圧板	石の感圧板
糸	糸	ひも	ひも
音符ブロック	音ブロック	音ブロック	音ブロック
オークの木材	樫の板	樫の木の板	樫の木の板
かまど付きトロッコ	かまどつきトロッコ	かまどつきトロッコ	―
木の感圧板	感圧木板	木製の感圧板	木製の感圧板
重量感圧板	荷重した重量感知板	重量感知板	重量感知板
スポーン　ゾンビ	ゾンビ出現	ゾンビ出現	ゾンビ出現
スポーン　村人	村人出現	村人出現	村人出現
橙色の堅焼き粘土	オレンジの粘土	オレンジの堅焼き粘土	オレンジの色付き粘土
ディスペンサー	分配装置	発射装置	発射装置
ディテクターレール	感知レール	感知レール	感知レール
トラップチェスト	トラップつきチェスト	トラップチェスト	トラップチェスト
日照センサー	日光センサー	日照センサー	日照センサー
ネザー水晶の階段	石英の階段	クォーツの階段	クォーツの階段
ネザー水晶ブロック	石英ブロック	クォーツのブロック	クォーツのブロック
粘着ピストン	吸着ピストン	吸着ピストン	吸着ピストン
パワードレール	加速レール	加速レール	加速レール
フェンスゲート	フェンスゲート	木の柵のゲート	木の柵のゲート
水入りバケツ	水バケツ	水バケツ	水バケツ
レッドストーンコンパレーター	レッドストーン比較装置	レッドストーンコンパレーター	レッドストーンコンパレーター
レッドストーントーチ	レッドストーンのたいまつ	レッドストーンのたいまつ	レッドストーンのたいまつ
レッドストーンリピーター	レッドストーン反復装置	レッドストーン反復装置	レッドストーン反復装置
ロケット花火	打ち上げ花火	ロケット花火	―
溶岩入りバケツ	溶岩バケツ	溶岩バケツ	溶岩バケツ

付録4

ブロックID

コマンドを使うときに便利な、ブロックのID一覧だよ。「setblock」コマンドなどで、一発で呼び出せるようになるんだ。

日本語ブロック名	ID	種類
石	minecraft:stone	
花崗岩	minecraft:stone	1
磨かれた花崗岩	minecraft:stone	2
閃緑岩	minecraft:stone	3
磨かれた閃緑岩	minecraft:stone	4
安山岩	minecraft:stone	5
磨かれた安山岩	minecraft:stone	6
草ブロック	minecraft:grass	
土	minecraft:dirt	
粗い土	minecraft:dirt	1
ポドゾル	minecraft:dirt	2
丸石	minecraft:cobblestone	
オークの木材	minecraft:planks	
マツの木材	minecraft:planks	1
シラカバの木材	minecraft:planks	2
ジャングルの木材	minecraft:planks	3
アカシアの木材	minecraft:planks	4
ダークオークの木材	minecraft:planks	5
オークの苗木	minecraft:sapling	
マツの苗木	minecraft:sapling	1
シラカバの苗木	minecraft:sapling	2
ジャングルの苗木	minecraft:sapling	3
アカシアの苗木	minecraft:sapling	4
ダークオークの苗木	minecraft:sapling	5
岩盤	minecraft:bedrock	
砂	minecraft:sand	
赤砂	minecraft:sand	1
砂利	minecraft:gravel	
金鉱石	minecraft:gold_ore	
鉄鉱石	minecraft:iron_ore	
石炭鉱石	minecraft:coal_ore	
オークの原木	minecraft:log	
マツの原木	minecraft:log	1
シラカバの原木	minecraft:log	2
ジャングルの原木	minecraft:log	3
オークの葉	minecraft:leaves	
マツの葉	minecraft:leaves	1

日本語ブロック名	ID	種類
シラカバの葉	minecraft:leaves	2
ジャングルの葉	minecraft:leaves	3
スポンジ	minecraft:sponge	
濡れたスポンジ	minecraft:sponge	1
ガラス	minecraft:glass	
ラピスラズリ鉱石	minecraft:lapis_ore	
ラピスラズリブロック	minecraft:lapis_block	
ディスペンサー	minecraft:dispenser	
砂岩	minecraft:sandstone	
模様入り砂岩	minecraft:sandstone	1
滑らかな砂岩	minecraft:sandstone	2
パワードレール	minecraft:golden_rail	
ディテクターレール	minecraft:detector_rail	
粘着ピストン	minecraft:sticky_piston	
クモの巣	minecraft:web	
枯れ木（湿地）	minecraft:tallgrass	
枯れ木（砂漠）	minecraft:deadbush	
草	minecraft:tallgrass	1
シダ	minecraft:tallgrass	2
ピストン	minecraft:piston	
羊毛	minecraft:wool	
橙色の羊毛	minecraft:wool	1
赤紫色の羊毛	minecraft:wool	2
空色の羊毛	minecraft:wool	3
黄色の羊毛	minecraft:wool	4
黄緑色の羊毛	minecraft:wool	5
桃色の羊毛	minecraft:wool	6
灰色の羊毛	minecraft:wool	7
薄灰色の羊毛	minecraft:wool	8
水色の羊毛	minecraft:wool	9
紫色の羊毛	minecraft:wool	10
青色の羊毛	minecraft:wool	11
茶色の羊毛	minecraft:wool	12
緑色の羊毛	minecraft:wool	13
赤色の羊毛	minecraft:wool	14
黒色の羊毛	minecraft:wool	15
タンポポ	minecraft:yellow_flower	
ポピー	minecraft:red_flower	
ヒスイラン	minecraft:red_flower	1

名称	ID	数値
レンゲソウ	minecraft:red_flower	2
ヒナソウ	minecraft:red_flower	3
赤色のチューリップ	minecraft:red_flower	4
橙色のチューリップ	minecraft:red_flower	5
白色のチューリップ	minecraft:red_flower	6
桃色のチューリップ	minecraft:red_flower	7
フランスギク	minecraft:red_flower	8
キノコ(茶色)	minecraft:brown_mushroom	
キノコ(赤色)	minecraft:red_mushroom	
金ブロック	minecraft:gold_block	
鉄ブロック	minecraft:iron_block	
石ハーフブロック	minecraft:stone_slab	
砂岩ハーフブロック	minecraft:stone_slab	1
木材ハーフブロック	minecraft:stone_slab	2
丸石ハーフブロック	minecraft:stone_slab	3
レンガハーフブロック	minecraft:stone_slab	4
石レンガハーフブロック	minecraft:stone_slab	5
ネザーレンガ ハーフブロック	minecraft:stone_slab	6
ネザー水晶 ハーフブロック	minecraft:stone_slab	7
レンガ	minecraft:brick_block	
TNT	minecraft:tnt	
本棚	minecraft:bookshelf	
苔石	minecraft:mossy_cobblestone	
黒曜石	minecraft:obsidian	
松明	minecraft:torch	
オークの木の階段	minecraft:oak_stairs	
チェスト	minecraft:chest	
ダイヤモンド鉱石	minecraft:diamond_ore	
ダイヤモンドブロック	minecraft:diamond_block	
作業台	minecraft:crafting_table	
かまど	minecraft:furnace	
はしご	minecraft:ladder	
レール	minecraft:rail	
石の階段	minecraft:stone_stairs	
看板 (壁に固定されたタイプ)	minecraft:wall_sign	
レバー	minecraft:lever	
石の感圧板	minecraft:stone_pressure_plate	
鉄のドア	minecraft:iron_door	
木製の感圧板	minecraft:wooden_pressure_plate	
レッドストーン鉱石	minecraft:redstone_ore	
レッドストーントーチ	minecraft:redstone_torch	

名称	ID	数値
(石の)ボタン	minecraft:stone_button	
雪	minecraft:snow_layer	
氷ブロック	minecraft:ice	
雪ブロック	minecraft:snow	
サボテン	minecraft:cactus	
粘土(ブロック)	minecraft:clay	
ジュークボックス	minecraft:jukebox	
オークのフェンス	minecraft:fence	
カボチャ	minecraft:pumpkin	
ネザーラック	minecraft:netherrack	
ソウルサンド	minecraft:soul_sand	
グロウストーン	minecraft:glowstone	
ジャック・オー・ランタン	minecraft:lit_pumpkin	
白色の色付きガラス	minecraft:stained_glass	
橙色の色付きガラス	minecraft:stained_glass	1
赤紫色の色付きガラス	minecraft:stained_glass	2
空色の色付きガラス	minecraft:stained_glass	3
黄色の色付きガラス	minecraft:stained_glass	4
黄緑色の色付きガラス	minecraft:stained_glass	5
桃色の色付きガラス	minecraft:stained_glass	6
灰色の色付きガラス	minecraft:stained_glass	7
薄灰色の色付きガラス	minecraft:stained_glass	8
水色の色付きガラス	minecraft:stained_glass	9
紫色の色付きガラス	minecraft:stained_glass	10
青色の色付きガラス	minecraft:stained_glass	11
茶色の色付きガラス	minecraft:stained_glass	12
緑色の色付きガラス	minecraft:stained_glass	13
赤色の色付きガラス	minecraft:stained_glass	14
黒色の色付きガラス	minecraft:stained_glass	15
(木の)トラップドア	minecraft:trapdoor	
シルバーフィッシュ入りの石	minecraft:monster_egg	
シルバーフィッシュ入りの丸石	minecraft:monster_egg	1
シルバーフィッシュ入り石レンガ	minecraft:monster_egg	2
苔石レンガ モンスターエッグ	minecraft:monster_egg	3
ひびの入った石レンガモンスターエッグ	minecraft:monster_egg	4
模様入り石レンガモンスターエッグ	minecraft:monster_egg	5
石レンガ	minecraft:stonebrick	

日本語ブロック名	ID	種類
苔石レンガ	minecraft:stonebrick	1
ひびの入った石レンガ	minecraft:stonebrick	2
模様入り石レンガ	minecraft:stonebrick	3
鉄格子	minecraft:iron_bars	
板ガラス	minecraft:glass_pane	
スイカ	minecraft:melon_block	
つる	minecraft:vine	
オークのフェンスゲート	minecraft:fence_gate	
レンガの階段	minecraft:brick_stairs	
石レンガの階段	minecraft:stone_brick_stairs	
菌糸	minecraft:mycelium	
スイレンの葉	minecraft:waterlily	
ネザーレンガ	minecraft:nether_brick	
ネザーレンガフェンス	minecraft:nether_brick_fence	
ネザーレンガの階段	minecraft:nether_brick_stairs	
ネザーウォート	minecraft:nether_wart	
エンチャントテーブル	minecraft:enchanting_table	
エンドポータル	minecraft:end_portal_frame	
エンドストーン	minecraft:end_stone	
レッドストーンランプ	minecraft:redstone_lamp	
オークの木材ハーフブロック	minecraft:wooden_slab	
マツの木材ハーフブロック	minecraft:wooden_slab	1
シラカバの木材ハーフブロック	minecraft:wooden_slab	2
ジャングルの木材ハーフブロック	minecraft:wooden_slab	3
アカシアの木材ハーフブロック	minecraft:wooden_slab	4
ダークオークの木材ハーフブロック	minecraft:wooden_slab	5
砂岩の階段	minecraft:sandstone_stairs	
エメラルド鉱石	minecraft:emerald_ore	
エンダーチェスト	minecraft:ender_chest	
トリップワイヤーフック	minecraft:tripwire_hook	
エメラルドブロック	minecraft:emerald_block	
マツの木の階段	minecraft:spruce_stairs	
シラカバの木の階段	minecraft:birch_stairs	
ジャングルの木の階段	minecraft:jungle_stairs	

	ID	種類
ビーコン	minecraft:beacon	
丸石の壁	minecraft:cobblestone_wall	
苔石の壁	minecraft:cobblestone_wall	1
(木の)ボタン	minecraft:wooden_button	
金床	minecraft:anvil	
トラップチェスト	minecraft:trapped_chest	
重量感圧板(軽)	minecraft:light_weighted_pressure_plate	
重量感圧板(重)	minecraft:heavy_weighted_pressure_plate	
日照センサー	minecraft:daylight_detector	
レッドストーンブロック	minecraft:redstone_block	
ネザー水晶鉱石	minecraft:quartz_ore	
ホッパー	minecraft:hopper	
ネザー水晶ブロック	minecraft:quartz_block	
模様入りネザー水晶ブロック	minecraft:quartz_block	1
柱状ネザー水晶ブロック	minecraft:quartz_block	2
ネザー水晶の階段	minecraft:quartz_stairs	
アクティベーターレール	minecraft:activator_rail	
ドロッパー	minecraft:dropper	
白色の色付き粘土	minecraft:stained_hardened_clay	
橙色の色付き粘土	minecraft:stained_hardened_clay	1
赤紫色の色付き粘土	minecraft:stained_hardened_clay	2
空色の色付き粘土	minecraft:stained_hardened_clay	3
黄色の色付き粘土	minecraft:stained_hardened_clay	4
黄緑色の色付き粘土	minecraft:stained_hardened_clay	5
桃色の色付き粘土	minecraft:stained_hardened_clay	6
灰色の色付き粘土	minecraft:stained_hardened_clay	7
薄灰色の色付き粘土	minecraft:stained_hardened_clay	8
水色の色付き粘土	minecraft:stained_hardened_clay	9
紫色の色付き粘土	minecraft:stained_hardened_clay	10
青色の色付き粘土	minecraft:stained_hardened_clay	11
茶色の色付き粘土	minecraft:stained_hardened_clay	12
緑色の色付き粘土	minecraft:stained_hardened_clay	13
赤色の色付き粘土	minecraft:stained_hardened_clay	14
黒色の色付き粘土	minecraft:stained_hardened_clay	15
白色の色付きガラス板	minecraft:stained_glass_pane	
橙色の色付きガラス板	minecraft:stained_glass_pane	1
赤紫色の色付きガラス板	minecraft:stained_glass_pane	2

0時間目 レッドストーン回路を作る前に

1時間目 レッドストーンを"使わない"回路で学ぶ「回路の基本」

2時間目 レッドストーンで遠くへ信号を伝えよう

3時間目 繰り返し動く仕掛けを作ってみよう

ブロックID ≫ 付録4

空色の色付きガラス板	minecraft:stained_glass_pane	3
黄色の色付きガラス板	minecraft:stained_glass_pane	4
黄緑色の色付きガラス板	minecraft:stained_glass_pane	5
桃色の色付きガラス板	minecraft:stained_glass_pane	6
灰色の色付きガラス板	minecraft:stained_glass_pane	7
薄灰色の色付きガラス板	minecraft:stained_glass_pane	8
水色の色付きガラス板	minecraft:stained_glass_pane	9
紫色の色付きガラス板	minecraft:stained_glass_pane	10
青色の色付きガラス板	minecraft:stained_glass_pane	11
茶色の色付きガラス板	minecraft:stained_glass_pane	12
緑色の色付きガラス板	minecraft:stained_glass_pane	13
赤色の色付きガラス板	minecraft:stained_glass_pane	14
黒色の色付きガラス板	minecraft:stained_glass_pane	15
アカシアの葉	minecraft:leaves2	
ダークオークの葉	minecraft:leaves2	1
アカシアの原木	minecraft:log2	
ダークオークの原木	minecraft:log2	1
アカシアの木の階段	minecraft:acacia_stairs	
ダークオークの木の階段	minecraft:dark_oak_stairs	
スライムブロック	minecraft:slime	
鉄のトラップドア	minecraft:iron_trapdoor	
プリズマリン	minecraft:prismarine	
プリズマリンレンガ	minecraft:prismarine	1
ダークプリズマリン	minecraft:prismarine	2
シーランタン	minecraft:sea_lantern	
干草の俵	minecraft:hay_block	
カーペット	minecraft:carpet	
橙色のカーペット	minecraft:carpet	1
赤紫色のカーペット	minecraft:carpet	2
空色のカーペット	minecraft:carpet	3
黄色のカーペット	minecraft:carpet	4
黄緑色のカーペット	minecraft:carpet	5
桃色のカーペット	minecraft:carpet	6
灰色のカーペット	minecraft:carpet	7
薄灰色のカーペット	minecraft:carpet	8
水色のカーペット	minecraft:carpet	9
紫色のカーペット	minecraft:carpet	10
青色のカーペット	minecraft:carpet	11
茶色のカーペット	minecraft:carpet	12
緑色のカーペット	minecraft:carpet	13
赤色のカーペット	minecraft:carpet	14
黒色のカーペット	minecraft:carpet	15
堅焼き粘土	minecraft:hardened_clay	

石炭ブロック	minecraft:coal_block	
氷塊	minecraft:packed_ice	
ヒマワリ	minecraft:double_plant	
ライラック	minecraft:double_plant	1
高い草	minecraft:double_plant	2
大きなシダ	minecraft:double_plant	3
バラの低木	minecraft:double_plant	4
ボタン	minecraft:double_plant	5
赤砂岩	minecraft:red_sandstone	
滑らかな赤い砂岩	minecraft:red_sandstone	1
模様入りの赤い砂岩	minecraft:red_sandstone	2
赤い砂岩の階段	minecraft:red_sandstone_stairs	
赤い砂岩ハーフブロック	minecraft:double_stone_slab2	
マツのフェンスゲート	minecraft:spruce_fence_gate	
シラカバのフェンスゲート	minecraft:birch_fence_gate	
ジャングルのフェンスゲート	minecraft:jungle_fence_gate	
ダークオークのフェンスゲート	minecraft:dark_oak_fence_gate	
アカシアのフェンスゲート	minecraft:acacia_fence_gate	
マツのフェンス	minecraft:spruce_fence	
シラカバのフェンス	minecraft:birch_fence	
ジャングルのフェンス	minecraft:jungle_fence	
ダークオークのフェンス	minecraft:dark_oak_fence	
アカシアのフェンス	minecraft:acacia_fence	
鉄のシャベル	minecraft:iron_shovel	
鉄のツルハシ	minecraft:iron_pickaxe	
鉄の斧	minecraft:iron_axe	
火打石と打ち金	minecraft:flint_and_steel	
リンゴ	minecraft:apple	
弓	minecraft:bow	
矢	minecraft:arrow	
石炭	minecraft:coal	
木炭	minecraft:coal	1
ダイヤモンド	minecraft:diamond	
鉄インゴット	minecraft:iron_ingot	
金インゴット	minecraft:gold_ingot	
鉄の剣	minecraft:iron_sword	
木の剣	minecraft:wooden_sword	
木のシャベル	minecraft:wooden_shovel	
木のツルハシ	minecraft:wooden_pickaxe	

4時間目 ブロックの状態によって動きが変わる回路を作ってみよう

5時間目 ついに実践！赤石回路を作ってみよう

6時間目 そのほかさんのおもしろ回路集

付録 便利なコマンド集／レシピ表／PC⇔PS⇔WiiU⇔PE読み替え表／ブロックID

0時間目 レッドストーン回路を作る前に

1時間目 レッドストーンを"使わない"回路で学ぶ「回路の基本」

2時間目 レッドストーンで遠くへ信号を伝えよう

3時間目 繰り返し動く仕掛けを作ってみよう

日本語ブロック名	ID	種類
木の斧	minecraft:wooden_axe	
石の剣	minecraft:stone_sword	
石のシャベル	minecraft:stone_shovel	
石のツルハシ	minecraft:stone_pickaxe	
石の斧	minecraft:stone_axe	
ダイヤの剣	minecraft:diamond_sword	
ダイヤのシャベル	minecraft:diamond_shovel	
ダイヤのツルハシ	minecraft:diamond_pickaxe	
ダイヤの斧	minecraft:diamond_axe	
棒	minecraft:stick	
ボウル	minecraft:bowl	
キノコシチュー	minecraft:mushroom_stew	
金の剣	minecraft:golden_sword	
金のシャベル	minecraft:golden_shovel	
金のツルハシ	minecraft:golden_pickaxe	
金の斧	minecraft:golden_axe	
糸	minecraft:string	
羽	minecraft:feather	
火薬	minecraft:gunpowder	
木のクワ	minecraft:wooden_hoe	
石のクワ	minecraft:stone_hoe	
鉄のクワ	minecraft:iron_hoe	
ダイヤのクワ	minecraft:diamond_hoe	
金のクワ	minecraft:golden_hoe	
種	minecraft:wheat_seeds	
小麦	minecraft:wheat	
パン	minecraft:bread	
革の帽子	minecraft:leather_helmet	
革の上着	minecraft:leather_chestplate	
革のズボン	minecraft:leather_leggings	
革のブーツ	minecraft:leather_boots	
チェーンヘルメット	minecraft:chainmail_helmet	
チェーンのチェストプレート	minecraft:chainmail_chestplate	
チェーンレギンス	minecraft:chainmail_leggings	
チェーンブーツ	minecraft:chainmail_boots	
鉄のヘルメット	minecraft:iron_helmet	
鉄のチェストプレート	minecraft:iron_chestplate	
鉄のレギンス	minecraft:iron_leggings	
鉄のブーツ	minecraft:iron_boots	
ダイヤのヘルメット	minecraft:diamond_helmet	

日本語ブロック名	ID	種類
ダイヤのチェストプレート	minecraft:diamond_chestplate	
ダイヤのレギンス	minecraft:diamond_leggings	
ダイヤのブーツ	minecraft:diamond_boots	
金のヘルメット	minecraft:golden_helmet	
金のチェストプレート	minecraft:golden_chestplate	
金のレギンス	minecraft:golden_leggings	
金のブーツ	minecraft:golden_boots	
火打石	minecraft:flint	
生の豚肉	minecraft:porkchop	
焼き豚	minecraft:cooked_porkchop	
絵画	minecraft:painting	
金のリンゴ(下位)	minecraft:golden_apple	
金のリンゴ(上位)	minecraft:golden_apple	1
看板	minecraft:sign	
オークのドア	minecraft:wooden_door	
バケツ	minecraft:bucket	
水入りバケツ	minecraft:water_bucket	
溶岩入りバケツ	minecraft:lava_bucket	
トロッコ	minecraft:minecart	
サドル	minecraft:saddle	
鉄のドア	minecraft:iron_door	
レッドストーン	minecraft:redstone	
雪玉	minecraft:snowball	
ボート	minecraft:boat	
革	minecraft:leather	
牛乳	minecraft:milk_bucket	
レンガ	minecraft:brick	
粘土	minecraft:clay_ball	
サトウキビ	minecraft:reeds	
紙	minecraft:paper	
本	minecraft:book	
スライムボール	minecraft:slime_ball	
チェスト付きトロッコ	minecraft:chest_minecart	
かまど付きトロッコ	minecraft:furnace_minecart	
卵	minecraft:egg	
コンパス	minecraft:compass	
釣竿	minecraft:fishing_rod	
時計	minecraft:clock	
グロウストーンダスト	minecraft:glowstone_dust	
生魚	minecraft:fish	
生鮭	minecraft:fish	1
クマノミ	minecraft:fish	2

ブロックID ≫ 付録 4

フグ	minecraft:fish	3
焼き魚	minecraft:cooked_fish	
焼き鮭	minecraft:cooked_fish	1
イカスミ	minecraft:dye	
赤色の染料	minecraft:dye	1
緑色の染料	minecraft:dye	2
カカオ豆	minecraft:dye	3
ラピスラズリ	minecraft:dye	4
紫色の染料	minecraft:dye	5
水色の染料	minecraft:dye	6
薄灰色の染料	minecraft:dye	7
灰色の染料	minecraft:dye	8
桃色の染料	minecraft:dye	9
黄緑色の染料	minecraft:dye	10
黄色の染料	minecraft:dye	11
空色の染料	minecraft:dye	12
赤紫色の染料	minecraft:dye	13
橙色の染料	minecraft:dye	14
骨粉	minecraft:dye	15
骨	minecraft:bone	
砂糖	minecraft:sugar	
ケーキ	minecraft:cake	
ベッド	minecraft:bed	
レッドストーンリピーター	minecraft:repeater	
クッキー	minecraft:cookie	
地図	minecraft:filled_map	
ハサミ	minecraft:shears	
スイカ	minecraft:melon	
カボチャの種	minecraft:pumpkin_seeds	
スイカの種	minecraft:melon_seeds	
生の牛肉	minecraft:beef	
ステーキ	minecraft:cooked_beef	
生の鶏生	minecraft:chicken	
焼き鳥	minecraft:cooked_chicken	
腐った肉	minecraft:rotten_flesh	
エンダーパール	minecraft:ender_pearl	
ブレイズロッド	minecraft:blaze_rod	
ガストの涙	minecraft:ghast_tear	
金塊	minecraft:gold_nugget	
ポーション	minecraft:potion	
ガラス瓶	minecraft:glass_bottle	
クモの目	minecraft:spider_eye	
発酵したクモの目	minecraft:fermented_spider_eye	

ブレイズパウダー	minecraft:blaze_powder	
マグマクリーム	minecraft:magma_cream	
醸造台	minecraft:brewing_stand	
大釜	minecraft:cauldron	
エンダーアイ	minecraft:ender_eye	
きらめくスイカ	minecraft:speckled_melon	
スポーン クリーパー	minecraft:spawn_egg	50
スポーン スケルトン	minecraft:spawn_egg	51
スポーン クモ	minecraft:spawn_egg	52
スポーン ゾンビ	minecraft:spawn_egg	54
スポーン スライム	minecraft:spawn_egg	55
スポーン ガスト	minecraft:spawn_egg	56
スポーン ゾンビピッグマン	minecraft:spawn_egg	57
スポーン エンダーマン	minecraft:spawn_egg	58
スポーン 洞窟グモ	minecraft:spawn_egg	59
スポーン シルバーフィッシュ	minecraft:spawn_egg	60
スポーン ブレイズ	minecraft:spawn_egg	61
スポーン マグマキューブ	minecraft:spawn_egg	62
スポーン コウモリ	minecraft:spawn_egg	65
スポーン ウィッチ	minecraft:spawn_egg	66
スポーン エンダーマイト	minecraft:spawn_egg	67
スポーン ガーディアン	minecraft:spawn_egg	68
スポーン ブタ	minecraft:spawn_egg	90
スポーン ヒツジ	minecraft:spawn_egg	91
スポーン ウシ	minecraft:spawn_egg	92
スポーン ニワトリ	minecraft:spawn_egg	93
スポーン イカ	minecraft:spawn_egg	94
スポーン オオカミ	minecraft:spawn_egg	95
スポーン ムーシュルーム	minecraft:spawn_egg	96
スポーン ヤマネコ	minecraft:spawn_egg	98
スポーン 馬	minecraft:spawn_egg	100
スポーン ウサギ	minecraft:spawn_egg	101
スポーン 村人	minecraft:spawn_egg	120
エンチャントの瓶	minecraft:experience_bottle	
ファイヤーチャージ	minecraft:fire_charge	
本と羽ペン	minecraft:writable_book	

4時間目 ブロックの状態によって動きが変わる回路を作ってみよう

5時間目 ついに実践！赤石回路を作ってみよう

6時間目 そのほかさんのおもしろ回路集

付録 便利なコマンド集／レシピ表／PC⇔PS・Wii U⇔PE読み替え表／ブロックID

0時間目 レッドストーン回路を作る前に

1時間目 レッドストーンを"使わない"回路で学ぶ「回路の基本」

2時間目 レッドストーンで遠くへ信号を伝えよう

3時間目 繰り返し動く仕掛けを作ってみよう

日本語ブロック名	ID	種類
本（書き込まれたもの）	minecraft:written_book	
エメラルド	minecraft:emerald	
額縁	minecraft:item_frame	
植木鉢	minecraft:flower_pot	
ニンジン	minecraft:carrot	
ジャガイモ	minecraft:potato	
ベークドポテト	minecraft:baked_potato	
青くなったジャガイモ	minecraft:poisonous_potato	
白紙の地図	minecraft:map	
金のニンジン	minecraft:golden_carrot	
スケルトンの頭蓋骨	minecraft:skull	
ウィザースケルトンの頭	minecraft:skull	1
ゾンビの頭	minecraft:skull	2
頭	minecraft:skull	3
クリーパーの頭	minecraft:skull	4
ニンジン付きの棒	minecraft:carrot_on_a_stick	
ネザースター	minecraft:nether_star	
パンプキンパイ	minecraft:pumpkin_pie	
ロケット花火	minecraft:fireworks	
花火の星	minecraft:firework_charge	
エンチャントの本	minecraft:enchanted_book	
レッドストーンコンパレーター	minecraft:comparator	
ネザー水晶	minecraft:quartz	
TNT付きトロッコ	minecraft:tnt_minecart	
ホッパー付きトロッコ	minecraft:hopper_minecart	
プリズマリンの欠片	minecraft:prismarine_shard	
プリズマリンクリスタル	minecraft:prismarine_crystals	
生の兎肉	minecraft:rabbit	
焼き兎肉	minecraft:cooked_rabbit	
ウサギシチュー	minecraft:rabbit_stew	
ウサギの皮	minecraft:rabbit_hide	
防具立て	minecraft:armor_stand	
鉄の馬鎧	minecraft:iron_horse_armor	
金の馬鎧	minecraft:golden_horse_armor	
ダイヤの馬鎧	minecraft:diamond_horse_armor	
リード	minecraft:lead	

名札	minecraft:name_tag	
生の羊肉	minecraft:mutton	
焼いた羊肉	minecraft:cooked_mutton	
旗	minecraft:banner	
マツのドア	minecraft:spruce_door	
シラカバのドア	minecraft:birch_door	
ジャングルのドア	minecraft:jungle_door	
アカシアのドア	minecraft:acacia_door	
ダークオークのドア	minecraft:dark_oak_door	
レコードC418-13	minecraft:record_13	
レコードC418-cat	minecraft:record_cat	
レコードC418-blocks	minecraft:record_blocks	
レコードC418-chirp	minecraft:record_chirp	
レコードC418-far	minecraft:record_far	
レコードC418-mall	minecraft:record_mall	
レコードC418-mellohi	minecraft:record_mellohi	
レコードC418-stal	minecraft:record_stal	
レコードC418-strad	minecraft:record_strad	
レコードC418-ward	minecraft:record_ward	
レコードC418-11	minecraft:record_11	
レコードC418-wait	minecraft:record_wait	

190

INDEX

アルファベット

BUD回路 ……………………… 75, 77
Minecraft ……………………… 10
NOT回路 ……………………… 44
PC／Mac版 …………………… 14
PlayStation …………………… 14, 183
Raspberry pi ………………… 14
Redstone Ready …………… 15
TNT ……………………………… 19, 134
Wii U …………………………… 14, 183

あ行

アイテムコマンド …………… 176
値 ………………………………… 170
上方向への信号 ……………… 41
海 ………………………………… 79
埋めつくすコマンド ………… 172
置き換えるコマンド ………… 173
落とし穴 ………………………… 107
オプション …………………… 170
音符ブロック ………………… 19, 163

か行

街灯 ……………………………… 164
隠し階段 ………………………… 98
隠し通路 ………………………… 123
隠し扉 …………………………… 91
隠す ……………………………… 48
額縁 ……………………………… 94
川 ………………………………… 79
感圧板 …………………………… 19, 25
境界線を作る ………………… 180
強制終了コマンド …………… 175
クリエイティブモード ……… 15
クロック回路 ………… 60, 66, 139
減算モード ……………………… 63
ゲームモード ………………… 11
ゲームモード変更コマンド … 174
コピーコマンド ……………… 170
コマンド ……………………… 168
コンパレーター …………… 62, 66, 88

さ行

作業台 …………………………… 181
時間変更コマンド …………… 179
下方向への信号 ……………… 49
始点 ……………………………… 168
自動攻撃装置 ………………… 166

自動装置マシン ……………… 23, 47
自動ドア ………………………… 52
ジャンプ台 …………………… 134
終点 ……………………………… 168
出力装置 ……………………… 18, 19
信号の伝わり方 ……………… 21
信号の強さ …………………… 37, 63
スイッチ ………………………… 24
スポーン地点へ戻るコマンド … 178
スマートフォン ……………… 14, 183
スライムブロック …………… 72
スーパーフラット …………… 15
性質を変化させる ………… 48, 50
設置コマンド ………………… 176
前進し続ける回路 …………… 72
ゾンビ式クロック回路 …… 139

た行

ダイヤルキー ………………… 94
耕された土 …………………… 93
宝箱への隠し階段 …………… 98
チェストを開くと落ちる罠 … 56
ディスペンサー ……………… 19
テレポートコマンド ………… 177
天気変更コマンド …………… 175
ドア ……………………………… 19
トイレ …………………………… 146
トーチ ………………… 19, 43, 45, 50
トラップチェスト … 19, 25, 86, 116
トラップドア ………………… 19
取り付けたブロック ………… 48
トリップワイヤーフック … 19, 25, 166
トロッコ ……………………… 165
ドロッパー …………………… 19

な行

難易度変更コマンド ………… 179
日照センサー ………… 19, 25, 164
入力装置 ……………… 18, 19, 25
粘着ピストン ………………… 19, 30

は行

花火 ………………… 58, 116, 139
パワーレール ………………… 165
比較モード …………………… 62
ピストン …………… 19, 27, 76, 78
フェンスゲート ……………… 19
プリセット …………………… 15
ブロックID ………………… 168, 184

分岐 ……………………………… 40
補助ブロック ………………… 100
ボタン ………………………… 19, 25
ホッパー ………………………… 91
ホッパー付きトロッコ ……… 93

ま行

マルチプレイサーバー ……… 16
水抜き装置 …………………… 78, 84
村人 ……………………………… 139
持物を消すコマンド ………… 169
モード …………………………… 16

や行

溶岩の落とし穴 ……………… 107
読み替え表 …………………… 183

ら行

ルール変更コマンド ………… 178
レシピ表 ……………………… 181
レッドストーンコンパレーター
  ……………………… 62, 66, 88
レッドストーンダスト ……… 34
レッドストーントーチ … 19, 43, 45, 50
レッドストーンの置き方 …… 33
レッドストーンブロック … 19, 79, 84
レッドストーンランプ ……… 19
レッドストーンリピーター … 38
レッドストーンを手に入れる … 12
レバー ………………………… 19, 25
練習問題 ……………………… 96
ロケット花火 ………………… 58
ロシアンルーレット ……… 155
ワールド ……………………… 15

191

[執筆・監修]
赤石あかお（赤石先生）
株式会社タトラエディット

[執筆協力]
平野可奈子・秋山華子

「ふたりとも、よくがんばったね。レッドストーンを知ってみてどうだった？」

「難しいところもあったけど、すごく楽しかったし、マイクラがもっと好きになったよ！」

「レッドストーンを知れば、マイクラがもっと楽しくなるよね。わからなかったところも、たくさん作って、たくさん遊んで行く中で、身についていくはず。これからも、自分なりの回路をたくさん作ってみよう。レッドストーンを楽しんでね！」

「はい！赤石先生、ありがとうございました！」

赤石先生のMinecraftレッドストーン回路がおもしろいくらいわかる本

2016年 12月31日 初版 第1刷発行

著　者	赤石あかお・タトラエディット
装　丁	植竹裕
発行人	柳澤淳一
編集人	久保田賢二
発行所	株式会社 ソーテック社
	〒102-0072　東京都千代田区飯田橋 4-9-5　スギタビル 4F
	電話（注文専用）03-3262-5320　FAX03-3262-5326
印刷所	大日本印刷株式会社

©2016 Akao Akaishi, TatraEdit
Printed in Japan
ISBN978-4-8007-1139-7

本書の一部または全部について個人で使用する以外著作権上、株式会社ソーテック社および著作権者の承諾を得ずに無断で複写・複製することは禁じられています。
本書に対する質問は電話では受け付けておりません。また、本書の内容とは関係のないパソコンやソフトなどの前提となる操作方法についての質問にはお答えできません。
内容の誤り、内容についての質問がございましたら切手・返信用封筒を同封のうえ、弊社までご送付ください。
乱丁・落丁本はお取り替え致します。

本書のご感想・ご意見・ご指摘は
http://www.sotechsha.co.jp/dokusha/
にて受け付けております。Webサイトでは質問は一切受け付けておりません。